普通高等职业教育规划教材

21世纪卓越汽车应用型人才培养专用教材　总主编　邹晓东

汽车发动机机械系统故障诊断与维修

组　编　中锐教育研究院

主　编　杨　志　韩加虎

同濟大學出版社
TONGJI UNIVERSITY PRESS

内容提要

本书根据德国工商大会(IHK)教学模式和教学标准，结合中国汽车企业人才需求标准，将引进的德国汽车技术服务类课程经过本地化改编而成。内容组织上以工作过程系统化为导向，以学习情境为教学单元，将工作过程系统地映射到教学过程中。通过完成学习情境中设定的任务和项目，采用知识链接、制定方案、实施方案、检查评估等教学环节达到培养学生专业能力、个人能力、社会能力的教学目标。

本学习领域根据汽车维修企业维修发动机机械系统的典型工作任务，结合发动机机械系统故障诊断和维修的特点，按照由简到难、由浅入深的原则，共划分了6个学习情境，一共80课时，其中理论30课时，实训50课时，内容包括发动机工况的检测、曲柄连杆机构故障诊断与维修、配气机构故障诊断与维修、润滑系统故障诊断与维修、冷却系统故障诊断与维修、发动机总成故障诊断与维修。

本书适合高等职业院校汽车技术服务类专业课堂教学之用，随本书配套有相应的电子版教学资源文件包，可供广大师生教学和学习使用。

图书在版编目(CIP)数据

汽车发动机机械系统故障诊断与维修/杨志，韩加虎主编. --上海：同济大学出版社，2014.1(2018.1重印)

ISBN 978-7-5608-5386-4

Ⅰ.①汽… Ⅱ.①杨…②韩… Ⅲ.①汽车-发动机-机械系统-故障诊断-高等职业教育-教材②汽车-发动机-机械系统-车辆修理-高等职业教育-教材 Ⅳ.①U472.43

中国版本图书馆CIP数据核字(2013)第320224号

普 通 高 等 职 业 教 育 规 划 教 材
21世纪卓越汽车应用型人才培养专用教材 总主编 邹晓东

汽车发动机机械系统故障诊断与维修

组编 中锐教育研究院 **主编** 杨 志 韩加虎

责任编辑 陈佳蔚 **责任校对** 徐春莲 **封面设计** 王 璐 **项目执行** 陈佳蔚 王 璐

出版发行 同济大学出版社(www.tongjipress.com.cn 地址：上海市四平路1239号
邮编 200092 电话 021-65985622)
经 销 全国各地新华书店
印 刷 常熟大宏印刷有限公司
开 本 889 mm×1 194 mm 1/16
印 张 10.75
印 数 6501-7500
字 数 344 000
版 次 2014年1月第1版 2018年1月第5次印刷
书 号 ISBN 978-7-5608-5386-4

定 价 30.00元

序(一)

职业教育与普通教育的显著差别，在于职业教育是一种跨界的教育。职业教育所具有的这一跨界特征，集中表现在如下三个方面：

其一，校企合作的办学模式，跨越了传统的只有学校一个学习地点的围城，由此，职业教育既要关注学校教育的规律，还要关注企业教育的规律；

其二，工学结合的人才培养，跨越了传统的只有课堂一种学习方式的视域，由此，职业教育既要关注基于认知的学习方式，又要关注基于工作的学习方式；

其三，职业教育的培养目标，跨越了传统的只有教育一种社会功能的范畴，由此，职业教育既要关注教书育人张扬个性的教育目标，又要关注服务经济社会发展的目标。

纵观世界，凡是职业教育比较发达的国家，例如，德国、瑞士的"双元制"职业教育、澳大利亚的"技术与继续教育"等，正是由于其遵循了这一跨界的基本规律，都为各自国家经济、社会的发展，提供了大批高质量、高素质的技能人才，使得职业教育成为国家核心竞争力的要素。

任何类型的教育，课程始终是人才培养的核心。跨界的职业教育，其课程也必然要遵循跨界的基本规律。20世纪末，德国"双元制"职业教育对课程进行了全方位的改革，提出了被称为"学习领域"的课程方案。这是在对传统的、基于知识存储的学科系统指向的课程的革命性突破的基础之上，所提出的一种现代的、基于知识应用的工作过程导向的课程。

德国职业教育发展的这一宝贵经验，为中国职业教育的改革提供了学习和借鉴的参照。伴随着中国改革开放30多年的进程，中国职业教育如何才能为国家现代化建设培养大批既能满足经济发展需要，又能满足个性发展需要的高素质技能人才呢？为此，我国职业教育战线的有识之士，紧密结合国情，对此进行了卓有成效的探索。近十多年来，随着德国基于工作过程的学习领域课程的引入，也引发了我们对职业教育课程本质的思考：要实现企业需求与个性发展的集成，进而实现职业性与教育性的结合，一方面要求课程改革必须从知识的存储为主转向知识的应用为主；另一方面，还要求学习国外的经验必须从简单照搬转向借鉴创新。近年来，在课程改革的过程中，我们通过融入中国哲学思想的本土化尝试，在德国工作过程导向的课程方案的基础上，提出了工作过程系统化的课程方案，从而在理论创新和实践探索方面，都取得了较大的成效。

所谓工作过程系统化课程，其本质在于：第一，课程体系的构建必须遵循职业成长的规律和认知学习的规律，要把功利性的需求与人本性的发展结合起来；课程体系中的每一门课程，都是一个经过教育学的"模式化处理"的、源于实践而高于实践的完整的工作过程，课程名称采用动宾结构的词组而非纯名词的词组，以突显职业教育的特征；第二，每门课程的设计必须由三个以上的学习情境构成，旨在通过基于同一范畴的三个以上工作过程的比较学习，使学生通过"比较—迁移—内化"的学习过程，获得思维方式的训练，以获得可持续发展的能力。在这里，学习情境的设计还要遵循两个重要原则：一是学习情境的设计必须具备典型的工作过程特征，即要突显不同职业在工作的对象、内容、手段、组织、产品和环境等六个要素的特征，这是对已经存在的、与职业相关的具体工作过程的映射与把握，旨在使学生获得从业的职业能力；二是学习情境的设计还必须实现完整的思维过程训练，即要完成逐步增强的所谓资讯、决策、计划、实施、检查、评价的"六阶段"训练，这是对指导一切具体工作过程的"工作过程"——思维工作过程的概括与抽象，以应对未知的职业具体工作过程，旨在使学生获得致力于自身发展的方法论能力。

令人欣慰的是，近年来，工作过程系统化课程已逐渐为广大职业院校所认同。职业教育的课程，已逐渐摆脱传统的学科结构系统化课程的束缚，向着更加符合职业教育规律的工作过程系统化课程的改革方向前行。而更加令人高兴的是，除了教育部门的职业院校和经济部门的行业企业，在职业教育受到越来越多的社会各界重视和关注的同时，国内的一些教育集团或公司，更是对职业教育注入了极大的热情，并身体力行，在职业教育的课程开发和教学软件等方面，做出了很大贡献。

其中，致力于职业教育投资、管理和服务的中锐集团公司，就是众多成绩和效果都比较突出的公司中的一个。中锐集团公司顺应市场需求，以汽车职业教育为龙头，与国内40多所高校共建汽车职业教育汽车学院与实训基地，并结合国内汽车企业相关岗位的用人标准及国内高职院校的实际情况，在参照德国"工作过程导向"的学习领域课程方案的基础上，根据我国自行开发的工作过程系统化课程的理论创新和设计思路，编写了一套相关教材。

例如，"汽车检测与维修专业"，首先，在课程体系的开发方面，设置了17个学习领域。这17个学习领域课程被分为三个学习阶段：第一阶段以学习汽车维护保养和机械结构检修为主，第二阶段以学习汽车电控系统检修为主，第三阶段以学习汽车综合故障诊断和整车性能检测为主。这样的递进安排遵循了由浅入深、由简单到复杂、由经验到策略的技能成长规律；其次，在每门课程的开发方面，又为每一学习领域设置了三个以上的学习情境，每一学习情境又都是一个完整的工作过程，遵循比较—迁移—内化的学习规律。

在逻辑上，这些学习情境之间具有平行、递进和包容等关系。比如，"汽油发动机管理系统故障诊断与维修"学习领域，设置了"空气供给系统检修"、"燃油供给系统检修"、"点火系统检修"、"排放系统检修"、"综合故障检修"等5个学习情境，前4个学习情境之间为并列关系，第5个情境与前4个情境为包容关系。每一学习情境的内部结构，也是按照完整的工作过程序化的，如在"空气供给系统检修"这个学习情境中，根据故障检修的实际工作顺序，又分为"空气流量计的检修"、"进气压力传感器的检修"、"节气门体的检修"三个阶段性的任务。

由于课程设计始终遵循"操作步骤重复而内容不重复"的工作过程系统化原则，通过对5个学习情境所体现的检修工作过程的比较，不仅能使学生把握"空气供给系统检修"的具体工作过程，而且能逐渐把握"资讯、决策、计划、实施、检查、评价"的思维工作过程。其中，在"资讯"环节给出汽修行业操作规范的共性的操作步骤；在"计划"和"实施"环节，要求学生结合在教学中使用的多种不同实训车型，制定出差异化的工作计划并实施；然后通过对不同实训车型的重复多次的操作，不仅可使学生达到职业要求的熟练操作程度，而且又通过对不同实训车型制定不同实施方案的比较学习，有利于培养学生应对同一工作过程中出现的不同情况而采用不同处理方法的能力，最终实现由经验型技能向策略型技能的跃迁。

中锐教育集团在研发这套教材的同时，还开发出了配套的教学设备和教学软件，实现了课程教材、教学设备、教学软件三个教学元素的一体化。这就使得职业教育的课程开发、教学实施，获得了相关教学资源的支撑。

总之，这套教材不仅引入了德国的"双元制"职业教育理念，而且结合了中国汽车行业对人才的需求和岗位要求，体现和反映了中国汽车行业的一些特点。

真诚希望中锐教育集团公司这套教材的出版，能对我国汽车职业教育的教学改革和创新有所裨益，也期待有更多的教育公司等社会机构，参加和参与职业教育。

同样，祈望各位读者朋友们，也能对这套教材提出宝贵的意见和建议。

升级版的中国经济发展，呼唤着升级版的职业教育，让我们为之奋斗吧！

（教育部职业技术教育中心研究所研究员）

2013年7月20日

Vorwort

Gerne komme ich der herzlichen Einladung der Chiway Education Group Shanghai nach, dieses Vorwort zu verfassen.

Bereit seit Jahren verfolge ich äußerst interessiert die Entwicklung der Chiway Education Group Shanghai im Bereich der beruflichen Bildung. Dabei beindruckt mich insbesondere ein derzeit laufendes, innovatives Berufsbildungsmodell, das sich durch die Kooperation zwischen Industrie und Schule auszeichnet.

Der Austausch und die Kooperation zwischen China und Deutschland im Bereich der beruflichen Bildung entwickeln in einer sehr positiven Art in schnellen Schritten immer weiter. Die AHK widmet sich dabei intensiv dem Transfer dualer Prinzipien des bewährten deutschen Systems der dualen Berufsausbildung nach China.

Nach mehrjährigen Erfahrungen bei der Übertragung und Durchführen wurde immer klarer, dass wir in China andere Voraussetzungen als in Deutschland vorfinden. Daher kann und darf das deutsche System der dualen Berufsausbildung nicht einfach kopiert werden.

Jedoch hat die Idee der dualen Berufsausbildung in China bereits fruchtbaren Boden gefunden um sich weiter zu entwickeln und alle beteiligten Parteien wie berufliche Schulen, Berufsbildungsgruppen und Unternehmenkönnen davon profitieren.

Chiway, als eine markführende Berufsbildungsgruppe hat bereits viele interessante Erfahrungen mit dem Berufsbildungsmodell gesammelt und konnte dadurch große Erfolge erzielen. Bildungsaktivitäten wie Curriculum Entwicklung, Unterricht, Zusammenstellung der Lehrbücher, Einführen der praktischen bzw. betrieblichen Ausbildung seien hier beispielhaft angeführt.

Durch den Aufbau einer strategischen Kooperationspartnerschaft mit der AHK stärkt Chiway zugleich die Kooperation und den Austausch mit Deutschland im Bereich der beruflichen Bildung.

In Deutschland benutzt man eine Vielzahl von Lernmaterialien, unter anderem sollen die Schüler Arbeitsaufträge erledigen und Arbeitsblätter bearbeiten. Bereits in die Unterrichtsvorbereitung muss der Lehrer viel Arbeit und pädagogisches Geschick legen. Im Unterricht werden die Schüler arbeitsprozessorientiertherangeführt Arbeitsblätter zu bearbeiten, Arbeitsaufträge zu erledigen, und Projekte selbstständig durchzuführen. Hierdurch stehen die Schüler im Unterricht im Mittelpunkt und werden zum aktiven Lernen motiviert.

Die Situationen in Deutschland sind anders als in China, auch der Markt in Deutschland ist anders, d.h. der Markt in Deutschland dafür reifer als in China.Die deutschen Arbeitsaufträge oder Arbeitsblätter einfach unverändert in chinesische Lehrbücher zu übernehmen kann sicherlich nicht erfolgreich sein. Daher hat Chiway die deutschen Ideen zur dualen Berufsbildung, die vom Ausbildungsumfeld und den betrieblichen Bedürfnissen ausgehen aufgegriffen und innovativ auf die chinesischen Verhältnisse angepasst.

Die praxisorientierte Durchführung der Berufsausbildung durch Chiway bringt uns viele wertvolle Erfahrungen beim Transfer der deutschen Berufsbildung nach China. Die innovative Entwicklung der chinesischen Berufsbildung wird davon profitieren und sich auszahlen.

Ich wünsche Chiway weiterhin viel Erfolg im Bereich der beruflichen Bildung.

Britta Buschfeld
2013.7

序(二)

应上海中锐教育集团盛情之邀，为这套教材作序。实际上近些年个人一直在关注中锐的职业教育工作，吸引我的是其正在实践和创新的产教合作职教模式。

中德之间在职业教育领域的交流和合作一直在蓬勃进行当中，德国工商会也一直致力于把德国的职业教育体系双元制原则引入中国。经过不断地尝试和实践，我们发现，中国与德国国情不同，无法照搬照抄德国双元制职业教育体系，但双元制的职业教育理念在中国获得了丰富的土壤，职业院校、职教集团、用人企业都获益匪浅。中锐作为一家领先的职业教育集团，在职业教育模式上做了很多有趣的尝试并获得了很大的成果，其中就包括在课程开发、教学、教材编写、学生实习实训等教育活动中引入德国的双元制职业教育理念。同时，中锐也通过与德国工商大会上海代表处建立战略合作关系加强了与德国职业教育领域的合作和交流。

实际上，原汁原味的德国职教模式在教学中使用多种素材，其中包括项目单或工作页，教师在课堂下做足工夫，课堂上按照项目教学法及面向工作过程教学法引导学生完成项目单或工作页内容的填写，充分发挥学生在教学中的主体作用，调动学生学习的主动性和积极性。中国与德国国情不同，汽车市场的发育成熟度也不一样，在教材内容的选择上，简单照搬德国项目单或工作页上的内容显然是行不通的。对此，中锐在引进和吸收德国职业教育的思想和理念基础上，根据教学环境、企业需求等实际情况进行了本土化的创新。

中锐的职教实践为我们总结出了很多值得借鉴的德国职教模式中国本土化的宝贵经验。中国职业教育的创新发展必能从中获益。

祝愿中锐教育集团在职业教育领域再创辉煌！

Britta Buschfeld
（德国工商大会 职业培训与教育总监）
2013 年 7 月

前　言

世界上第一辆四轮汽油发动机的汽车诞生于埃斯林加机械制造厂，整辆车基本上没有任何的电子模块化控制，随着时代的发展，科技的进步，才慢慢有了电控发动机等一系列汽车电子控制系统，可以说机械系统是汽车组成的基础。在汽车维修领域，机械系统的故障率占到整车故障率的80%左右，无论从结构到维修，机械系统都占有重要的比例。及时准确的排除发动机机械系统故障成为维修人员必须具备的技能。本学习领域以工作过程为导向，通过带领学生完成发动机机械故障诊断与维修的众多任务和项目，使学生掌握发动机机械系统的结构及检修方法，并具备实际动手的能力。本学习领域是培养汽车机电诊断维修技师岗位的核心课程。

本学习领域根据汽车维修企业维修发动机机械系统的典型工作任务，结合发动机机械系统故障诊断和维修的特点，按照由简到难、由浅入深的原则，共划分了 6 个学习情境，8 个任务，22 个项目，一共 80 课时，其中理论 30 课时，实训 50 课时，内容包括发动机工况的检测、曲柄连杆机构故障诊断与维修、配气机构故障诊断与维修、润滑系统故障诊断与维修、冷却系统故障诊断与维修、发动机总成故障诊断与维修等。本课程以发动机机械系统常见故障现象为切入点，合理划分和安排各个任务及项目。在教学中侧重学生的动手操作、动手检修能力的培养，最终达到使学生具备熟练掌握故障排除技能的目的。

本学习领域不但包括发动机各组成部件拆解、检查和组装等操作，还包括发动机总成更换的操作，同时全面系统的介绍了发动机机械维修的技能和工艺要求。

本学习领域通过情境导入、知识链接、制定方案、实施、检查与评估、课后作业等教学环节完成教学内容。其中，知识链接为后续的制定方案、实施、评估等环节的开展奠定理论基础，做好相应知识储备；制定方案是根据知识链接中的理论指导，对需要完成的项目进行整体规划和安排，并给学生布置相应的任务；实施环节则是整个教学过程的核心，是让学生根据制定的方案一步步完成实际操作，并记录操作过程和操作结果；检查与评估等环节是在整个任务完成后，先由学生对自己所完成的实施过程和结果进行自我检查，以发现和认识实施过程中的不足和漏洞，然后由教师对学生的实施情况进行综合评估；最后通过课后作业的形式，让学生对课堂上所制定并实施的方案进行进一步完善，以达到查漏补缺、举一反三和拓宽知识面的目的。

本书由杨志和韩加虎主编。在本书的编写过程中，机械工业教育发展中心主任陈晓明、教育部职业技术教育中心研究所研究员姜大源、德国工商大会(IHK)上海代表处职业培训与教育总监白丽塔(Britta Buschfeld)等给予了指导并提出了许多宝贵意见，在此深表感谢。

由于编者水平和能力有限，书中难免会出现一些错误，敬请广大师生谅解和批评！

编　者
2014 年 1 月

目　录

学习情境 1　发动机工况的检测

学习目标

1. 能够正确地使用缸压表测量气缸压力；
2. 能够根据测得的数据判断缸压是否正常

情境导入

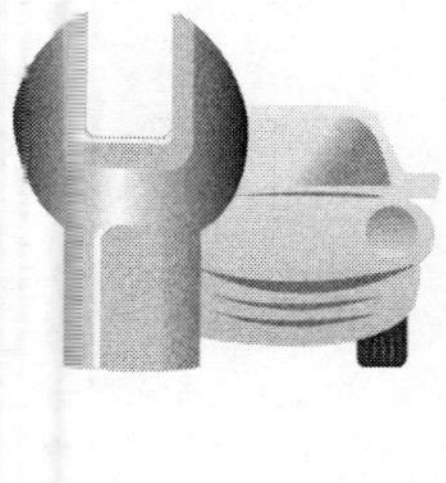

车　　型：大众桑塔纳时代超人，AJR 发动机；
行驶里程：30 万 km；
出厂时间：2005 年 6 月。
故障现象：

客户反映车辆怠速抖动，加速无力，燃油消耗增加。

故障分析：

接到客户报修后试车，发现车辆运行不稳，怠速异常抖动，加速无力，初步检查发现 4 个缸的喷油器及点火线圈都工作正常，客户反应 1 万 km 前更换过火花塞，因此火花塞故障的可能性很小，由于车辆没有相关故障码，且该车公里数较多，故分析可能部分气缸有磨损过度现象，需对发动机进行气缸压力的检测

任务　检测气缸压力

任务描述

一、学习目标

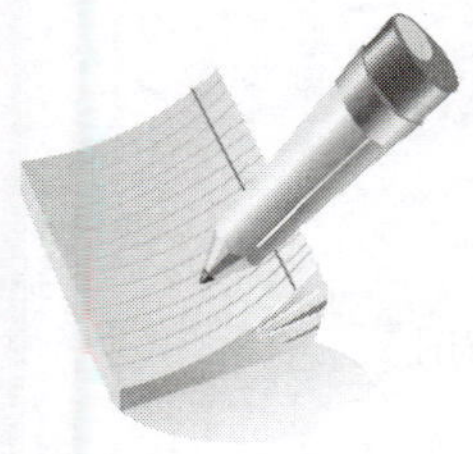	1. 能够对气缸压力进行检测； 2. 能够正确使用缸压表

二、学习内容

	1. 四冲程发动机工作原理； 2. 汽缸压力表使用方法； 3. 汽缸压力检测步骤

项目　检测气缸压力

一、知识链接

1. 发动机基本工作原理

1) 四冲程汽油机工作原理

活塞在气缸内往复四个行程(曲轴旋转两周)完成一个工作循环的发动机，称为四冲程发动机。四冲程发动机每个工作循环中的四个活塞行程分别为进气行程、压缩行程、作功行程和排气行程。

(1) 进气行程

如图1-1所示，曲轴带动活塞从上止点向下止点运动，此时进气门开启，排气门关闭，活塞上方的气缸容积增大，从而气缸内压力降到大气压以下，即在气缸内造成真空吸力。经滤清的空气与喷射出的汽油(或与化油器供给的汽油)形成的可燃混合气便经进气管道和进气门被吸入气缸，在这个过程中，曲轴转过了180°，活塞从上止点到达下止点。由于进气系统有阻力，进气终了时，气缸内气体压力约为0.075～0.09 MPa。

流进气缸内的可燃混合气，因为与气缸壁、活塞顶等高温机件表面接触并与前一循环留下的高

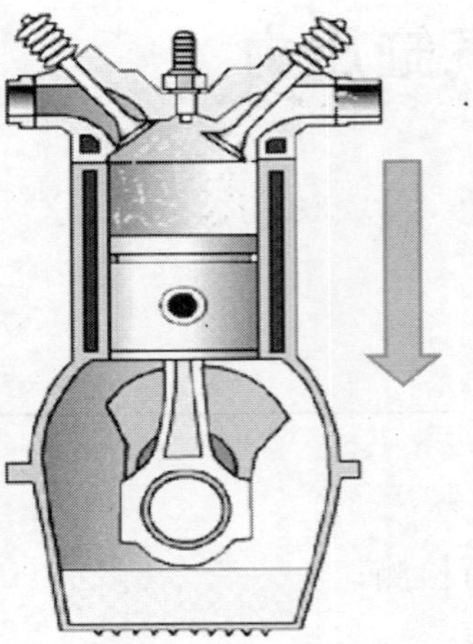
图 1-1　进气行程示意图

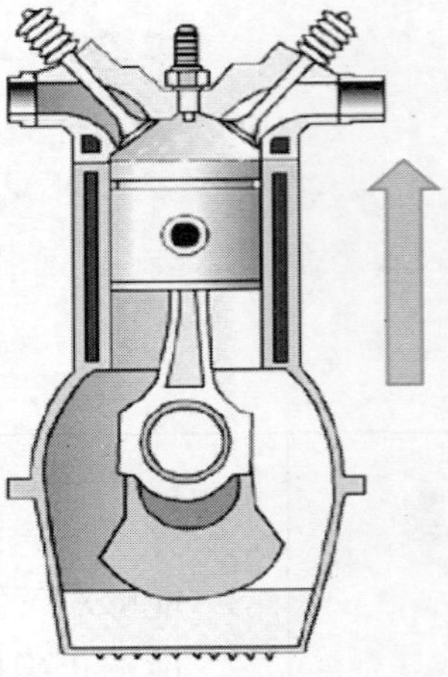
图 1-2　压缩行程示意图

温残余废气混合，所以温度可升高到 370 K～440 K。

(2) 压缩行程

如图 1-2 所示，活塞在曲轴的带动下从下止点向上止点运动，进、排气门关闭，气缸内容积逐渐减小，可燃混合气被压缩，直到活塞到达上止点时结束。

压缩终了时，混合气压力高达 0.6～1.2 MPa，温度可达 600 K～850 K。

压缩比对发动机的影响：在发动机技术状况良好的情况下，发动机的压缩比越大，则混合气燃烧越迅速，同样的排量，发动机发出的功率越大，经济性就越好。但由于受汽油抗爆性等因素的影响，压缩比过高会导致混合气在缸内爆燃和表面点火等不正常燃烧现象出现，从而造成发动机过热、功率下降、油耗增加等一系列不良后果。因此，在提高汽油机压缩比时，必须防止爆燃和表面点火现象的发生。

(3) 作功行程

如图 1-3 所示，在压缩行程接近终了时，火花塞产生电火花点燃混合气，此时进、排气门仍关闭。由于混合气迅速燃烧，使缸内气体的温度和压力迅速升高，最高压力可达 5 MPa，最高温度可达 2 200 K～2 800 K。在高温高压气体的作用力推动下，活塞从上止点向下止点运动，活塞的下移通过连杆使曲轴旋转运动，产生转矩而作功。输出的机械能，除了用于维持发动机本身继续运转外，

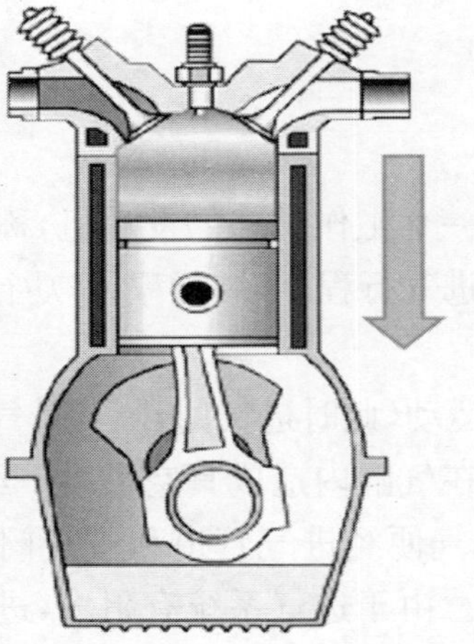
图 1-3　作功行程示意图

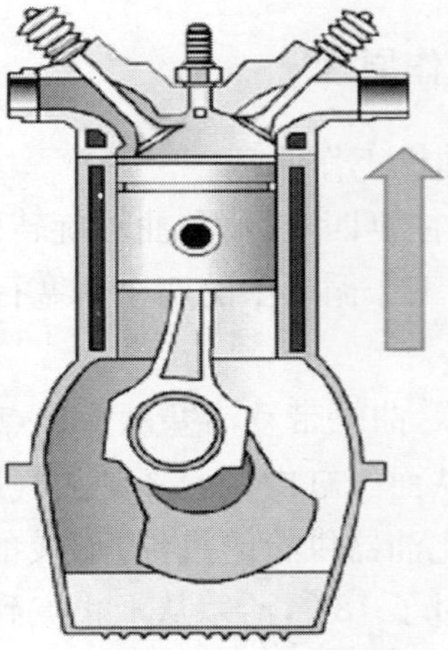
图 1-4　排气行程示意图

其余卸用于对外作功。此时曲轴又转过了 180°。

(4) 排气行程

如图 1 - 4 所示，在作功行程终了时，排气门打开，进气门仍关闭，因废气压力高于大气压而自动排出，此外，当活塞越过下止点上移时，还靠活塞的推挤作用强制排气。活塞到上止点，排气行程结束。排气终了时，缸内压力约为 0.105～0.115 MPa，温度约为 900 K～1 200 K。

综上所述，四冲程汽油发动机经过进气、压缩、作功和排气四个行程，完成一个工作循环。这期间活塞在上下止点间往复移动了四个行程，相应地曲轴旋转两圈(720°)，进排气门各打开一次，发动机作功一次。至此，发动机完成一个工作循环，接着又开始了下一个新工作循环。

2. 气缸压力表

气缸压力表由压力表、连接头等组成，如图 1 - 5 所示。

3. 气缸压力的检测方法

将发动机暖机至正常工作温度后熄火，拆下全部点火线圈，拆卸全部火花塞，拔下所有喷油器插头，将气缸压力表组装好旋进火花塞孔，如图 1 - 6 所示。将节气门置于全开位置，另一个人通过钥匙起动发动机，用起动机带动曲轴旋转 3～5 s，待气缸压力表指针指示并保持最大压力后停止转动，取下气缸压力表，记录读数，按下单向阀使气缸压力表指针回零。按上述方法依次测量各缸，每缸测量不少于二次，每缸测量结果取算数平均值。

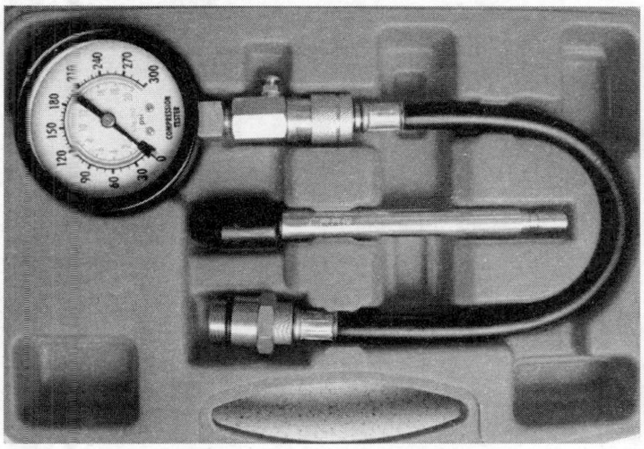

图 1 - 5　气缸压力表

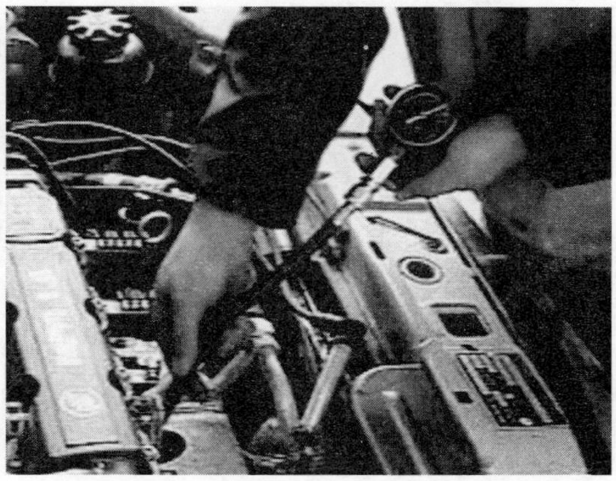

图 1 - 6　安装气缸压力表

4. 测量结果分析

缸压力的测量结果如高于原设计值，并不一定表明气缸密封性好，要结合使用和维修情况进行分析。这种情况有可能是燃烧室内积炭过多、气缸衬垫过薄或缸体与缸盖结合平面经多次修理加工过甚造成的。气缸压力测量结果如低于原设计值，说明气缸密封性降低，可向该缸火花塞或喷油器孔内注入少量发动机润滑油，然后用气缸压力表再测气缸压力，进行深入诊断并记录。如果：①第二次测量结果比第一次高，接近标准压力，表明是气缸、活塞环、活塞磨损过大或活塞环对口、卡死、断裂及缸壁拉伤等原因造成了气缸不密封。②第二次测量结果与第一次略同，即仍比标准压力低，表明进排气门或气缸衬垫不密封。③若两次测量结果均表明某相邻两缸压力都相当低，说明两缸相邻处的气缸衬垫烧损窜气。

二、知识拓展

1. 四冲程柴油机工作原理

四冲程柴油机与四冲程汽油机的工作原理相似。每个工作循环也经历进气行程、压缩行程、作功行程和排气行程这四个行程，如图 1－7 所示。但气缸在进气行程中吸入的是纯空气，在压缩行程接近终了时高压柴油成雾状喷入气缸，那些细小的油雾与空气中的氧接触，经过一个复杂的物理化学过程自行着火燃烧，气缸内压力和温度急剧升高，推动活塞下行作功。

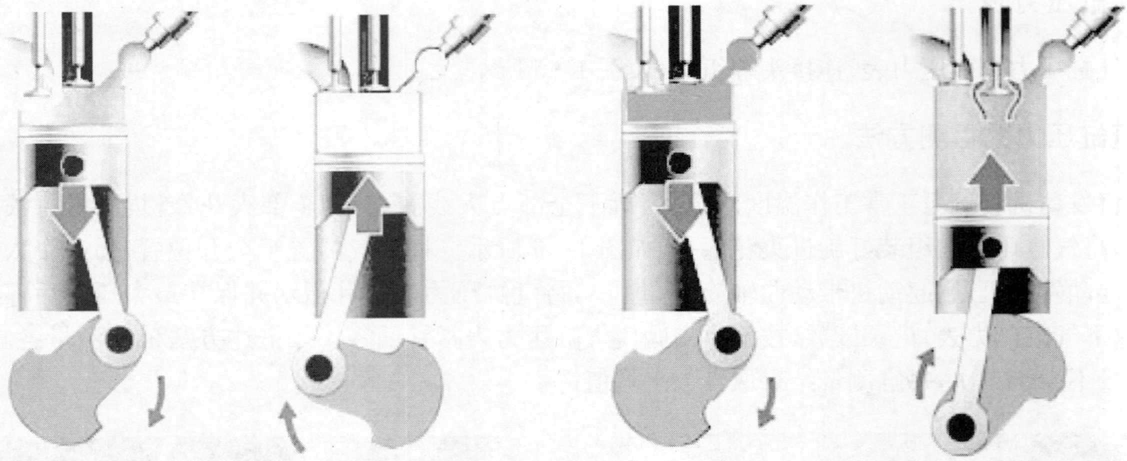

(a) 进气行程　(b) 压缩行程　(c) 作功行程　(d) 排气行程

图 1－7　柴油机工作原理示意图

1) 进气行程(图 1－7(a))

进气行程不同于汽油机的是，进入气缸的不是可燃混合气，而是纯空气。

2) 压缩行程(图 1－7(b))

压缩行程不同于汽油机的是，压缩的是纯空气，且由于柴油机压缩比高，压缩终了的温度和压力都比汽油机高，压力可达 3～5 MPa，温度可达 800 K～1 000 K。

3) 作功行程(图 1－7(c))

作功行程与汽油机有很大不同，在柴油机压缩行程上此点前的适当时刻，高压柴油经喷油器呈雾状直接或间接喷入气缸内的高温空气中，由于此时气缸内的温度远高于柴油的自燃温度(约 500 K 左右)，柴油便迅速自行着火燃烧，且此后一段时间内边喷油边燃烧，气缸内压力、温度急剧升高，推动活塞下行作功。

此行程中，瞬时压力可达 5～10 MPa，瞬时温度可达 1 800 K～2 200 K，作功行程终了时压力约为 0.2～0.4 MPa，温度约为 1 200 K～1 500 K。

4) 排气行程(图 1－7(d))

排气行程与汽油机基本相同。排气终了，气缸内压力约为 0.105～0.125 MPa，温度约为 800 K～1 000 K。

2. 四冲程发动机的工作特点

(1) 每一个发动机工作循环，曲轴转两周(720°)，每一个行程曲轴转半周(180°)，进气行程是进气门开启，排气行程是排气门开启，其余两个行程进、排气门均关闭。

(2) 四个行程中，只有作功行程产生动力，其他三个行程是为作功行程做准备工作的辅助行程，虽然作功行程是主要行程，但其他三个行程也必不可少。因此，进气行程、压缩行程和排气行程被称为“辅助行程”。

(3) 在发动机运转的第一循环时，必须有外力使曲轴旋转完成进气、压缩行程，着火后，完成作功行程，并依靠曲轴和飞轮贮存的能量便可自行完成以后的行程，以后的工作循环发动机无需外力就可自行完成。

3. 柴油机与汽油机的不同之处

(1) 汽油机的混合气通常是在气缸外部形成的，而柴油机的混合气是在气缸内部形成的。汽油机在进气行程时，被吸入的通常是汽油和空气混合气(现在很多发动机制造厂商都在大力发展直接把汽油喷入气缸内燃烧的发动机技术)，而柴油机在进气行程时，被吸入气缸内的是纯空气。

(2) 汽油机在压缩终了时，靠火花塞强制点火，使汽油和空气的混合气着火燃烧；而柴油机则靠柴油微滴在气缸内吸收热量自行着火燃烧。

三、制定方案

根据情境导入中的案例，需要对气缸压力进行检测。教师在组织教学的过程中，根据大众桑塔纳气缸压力检测方案，让学生从实训中掌握气缸压力的检测方法，如表1-1所示。

表1-1　大众桑塔纳气缸压力检测方案表

	大众桑塔纳气缸压力检测方案	
车辆信息描述	车辆描述	大众桑塔纳，AFE发动机，行驶里程30万km，出厂时间：2005年6月
	故障现象	怠速抖动，加速无力，燃油消耗增加
设备/工具/耗材	大众桑塔纳乘用车一辆，常用工具，气缸压力表，火花塞套筒及棘轮扳手，纸，笔	
安全要求及注意事项	1. 测量气缸压力前注意一定将车辆暖车至正常温度，将所有的火花塞都拆下，喷油器的插头都拔掉，节气门置于全开位置； 2. 测量气缸压力时，注意起动时间不能超过5 s； 3. 测量完一个气缸后注意记录好数据，然后按下单向阀使气缸压力表指针回零	
工作步骤	1. 起动发动机，将车辆暖车至正常温度； 2. 将车辆熄火； 3. 将所有的火花塞都拆下，喷油器的插头都拔掉，节气门置于全开位置； 4. 另一个人通过钥匙起动发动机，用起动机带动曲轴旋转3～5 s，待气缸压力表指针指示并保持最大压力后停止转动，取下气缸压力表，记录读数； 5. 依次测量各缸，每缸测量不少于2次，每缸测量结果取算数平均值； 6. 复原车辆	

教师对学生进行分组，每组选出一个小组长，小组长根据小组成员任务分工不同，确定不同任务的责任人。小组成员任务的划分可以参考下面的小组任务分配表，如表1-2所示。

表 1-2　小组任务分配表

	小组任务	个人职责(任务)	小组成员
1	任务前期准备工作	准备该任务的设备、工具、耗材	
2	拆卸火花塞	检车辆熄火,拔开点火线圈插头,拆卸所有点火线圈,拆卸所有火花塞	
3	拔下喷油器插头	拔下所有喷油器插头	
4	安装气缸压力表测量气缸压力	将气缸压力表组装好旋进火花塞孔,将节气门置于全开位置,另一个人通过钥匙起动发动机,用起动机带动曲轴旋转 3~5 s,待气缸压力表指针指示并保持最大压力后停止转动,取下气缸压力表,记录读数	

实训中如果没有该车型,可以参考大众桑塔纳气缸压力检测方案和维修手册,制定该车型气缸压力检测方案,如表 1-3 所示。

表 1-3　气缸压力检测方案表

	______乘用车气缸压力检测方案	
车辆信息描述	车辆描述	
	故障现象	
设备/工具/耗材		
安全要求及注意事项		
工作步骤		

四、实施

依据制定方案实施,并填写项目单,如表 1-4 所示。

表1-4　实训结果项目表

车　型：			发动机型号：		
压缩比：			排量：		
标准气缸压力：		极限气缸压力：		各缸极限压力差：	
	第一缸	第二缸	第三缸	第四缸	最大差值
平均值					
判断					
根据需要注入发动机润滑油后在测量的数值					
结论：					

五、作业

1. 通过实训后完善本任务的实施方案。

2. 总结分析缸压不足的几种原因。

检查与评估

1. 学生自我检查

学生通过对本任务的学习，独立结合实训车辆填写学习情况检查表(表1-5)，以检测自己对本任务学习的掌握情况。

表 1－5　学习情况检查表

部件名称	图　　片
1.	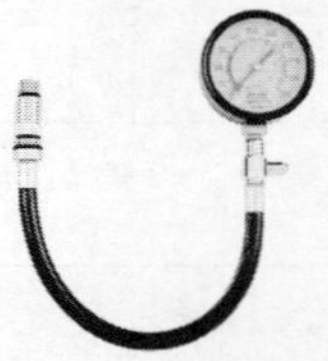
2.	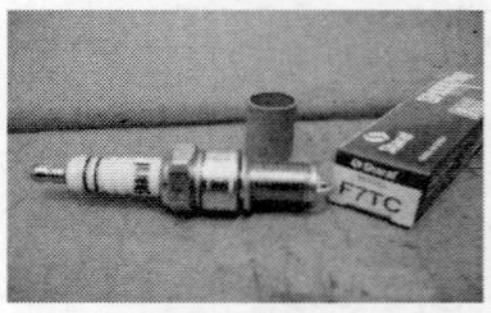
3.	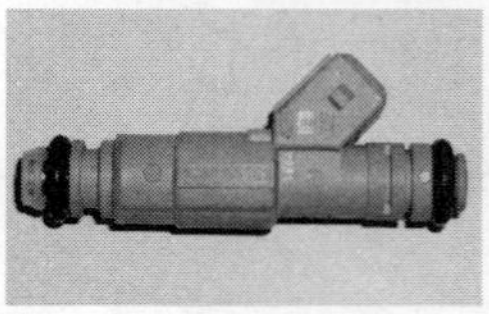
4.	

2. 指导教师评估

指导老师在整个教学过程中，关注每个活动小组的工作过程以及小组成员的动手能力，并对小组成员的动手能力进行考核，如表 1－6 所示。

表 1－6　指导教师评估表

	考核量化指标	分值（总分）	学生得分
1	能时刻遵守规则流程	10	
2	能够时刻贯彻执行 5S	10	
3	能使用气缸压力表	10	
4	能够查阅维修手册	10	
5	能描述发动机的工作原理	10	
6	能够正确的测量各缸气缸压力	10	
7	能制够对气缸压力值进行正确的分析，判断气缸压力是否正常	10	
8	能描述发动机的基本结构	10	
9	能够完成实训结果项目表的填写	10	
10	能够完成学习情况检查表的填写	10	
总计			

学习情境 2 曲柄连杆机构故障诊断与维修

学习目标

1. 能够诊断并排除曲柄连杆机构的机械故障；
2. 能够完成基本量具的正确使用；
3. 能够完成气缸体平面度的测量及磨损度的测量；
4. 能够完成活塞环、活塞、活塞销的测量及更换；
5. 能够完成连杆轴承的测量及更换；
6. 能够完成活塞连杆组的拆卸和安装；
7. 能够完成曲轴轴承的测量及更换；
8. 能够完成曲轴的拆卸和安装；
9. 能够完成飞轮的拆卸和安装；
10. 能够完成曲轴后油封的更换

情境导入

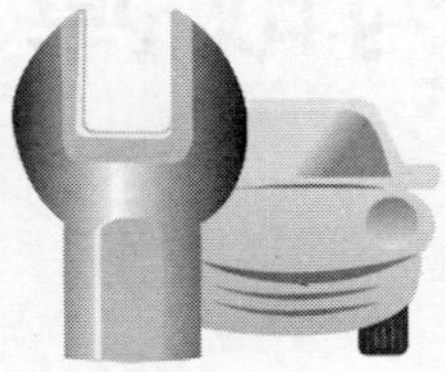

车　　型： 大众桑塔纳时代超人，AJR 发动机；
行驶里程： 25 万 km；
出厂时间： 2005 年 6 月。

故障现象：

发动机故障指示灯点亮，车辆抖动、加速无力，急加速时发动机舱有金属敲击声，客户还反映发动机润滑油消耗很大，不到保养期发动机润滑油报警灯就亮了，加速时排气管冒蓝烟。

故障分析：

首先确定金属敲击声的部位，起动发动机并怠速运转，没有听到金属敲击声，但车辆有抖动，将发动机转速提升至 2 500 r/min，金属敲击声非常明显，且感觉声响源至发动机底部，将车辆举升，用听诊器仔细辨听后发现声响在曲轴箱一带，初步分析可能是曲轴箱内的曲轴轴瓦间隙过大或损坏所致。此外，车辆发动机润滑油消耗大且排气管冒蓝烟，这说明车辆存在烧发动机润滑油状况，即发动机润滑油串入燃烧室燃烧，可能为气缸、活塞及活塞环等磨损严重，导致发动机烧发动机润滑油、抖动。经检查还发现，发动机底部即气缸体及缸体与缸盖接合处有大量发动机润滑油油迹，分析可能为汽缸垫损坏或气缸体上端面磨损严重，以及曲轴后油封漏油所致。故该车的问题较为严重，需重点对曲柄连杆机构进行检测与维修

任务1　气缸体的检测与维修

任务描述

一、学习目标

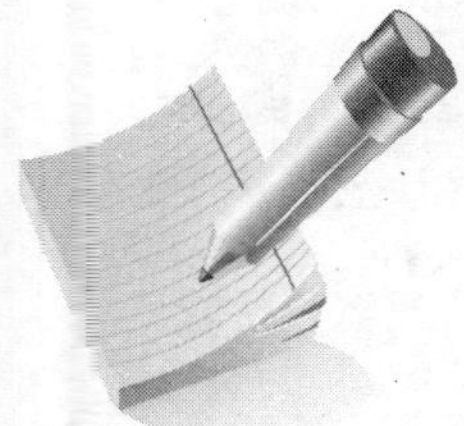

1. 能够使用刀口尺和塞尺完成气缸体平面度测量；
2. 能够使用内径百分表测量气缸圆度及圆柱度

二、学习内容

1. 刀口尺及塞尺的使用方法；
2. 气缸体平面度的测量位置；
3. 气缸体平面度的测量方法；
4. 正确判断气缸体平面度误差值是否在使用极限内；
5. 外径千分尺的使用；
6. 量缸表的使用；
7. 气缸圆度及圆柱度的测量

项目1　测量气缸体平面度

一、知识链接

1. 气缸体

气缸体由灰铸铁或铝合金铸成，是发动机的基体和骨架，支撑发动机的所有运动件和各种附件，如图2-1所示。其上部有气缸，即引导活塞做往复运动的圆柱形空腔，下部有曲轴支撑孔，曲轴运动的空间称为曲轴箱。气缸体上端面与气缸盖接合，对气缸体形成密封，防止漏气。密封性对发动机的正常运转非常重要，

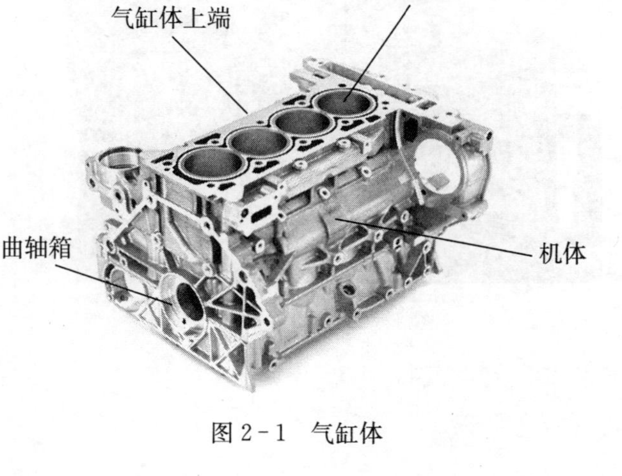

图2-1　气缸体

由于气缸体上端面经常处于高温高压的工作环境中，非常容易磨损，所以在对发动机大修时，测量气缸体平面度非常重要。

2. 刀口尺及塞尺

刀口尺(图 2-2)是用来测量平面度误差，需要配合塞尺来使用。塞尺又称厚薄规或测隙规，一般的刻度范围在 0.01～3.0 mm 之间，如图 2-3 所示。

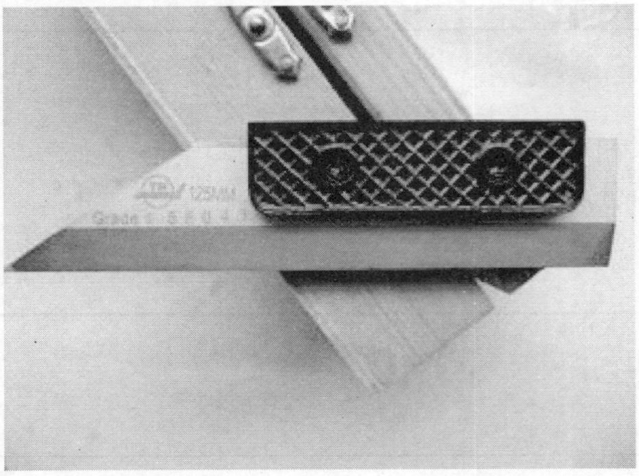

图 2-2 刀口尺

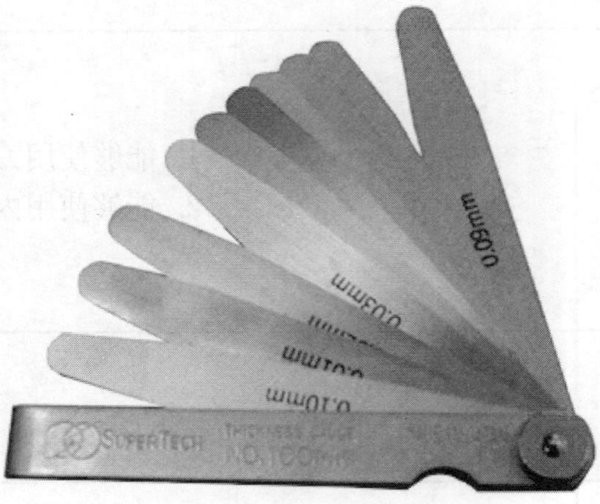

图 2-3 塞尺

3. 气缸体平面度的测量

将气缸体上端面吹洗干净，把刀口尺的刀口垂直在被测平面上，如图 2-4 所示。沿气缸体上平面最外侧螺纹孔的对角线方向、所有螺纹孔的直线方向位置放置刀口尺，如图 2-6 所示。观察刀口尺和缸体接触面上是否有漏光点，如果有漏光点，用塞尺测量漏光处的间隙(使用塞尺时要将塞尺轻轻插入被测间隙内，如果过松或过紧则更换，如此反复试插，直至松紧适度为止，如图 2-5 所示)，该间隙即为气缸体平面度误差，气缸体平面度误差值极限为 0.05 mm，如果超过最大值应予修理或更换气缸体。

图 2-4 刀口尺的使用

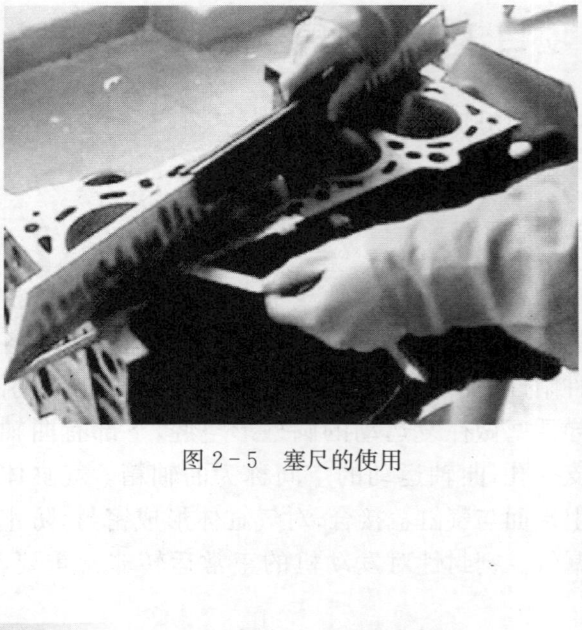

图 2-5 塞尺的使用

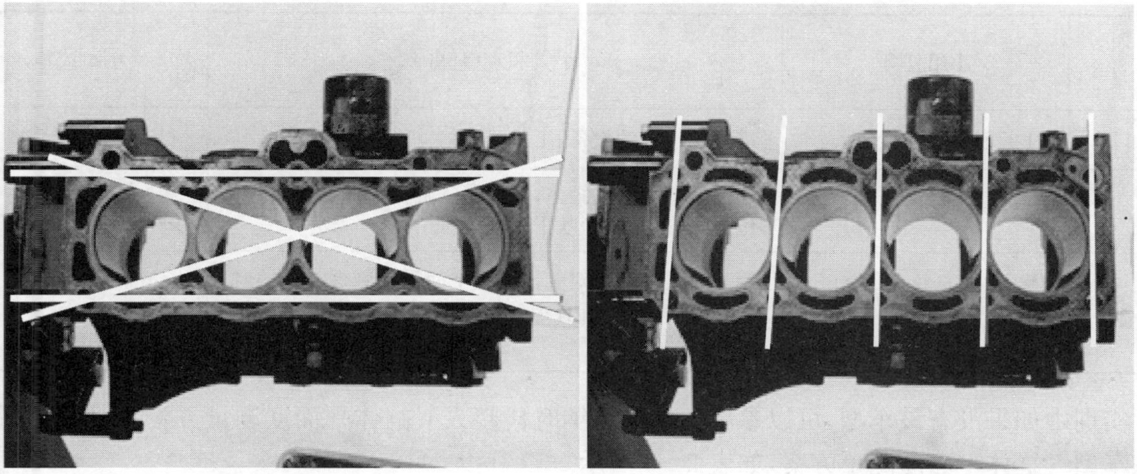

图 2-6　刀口尺的放置位置

二、制定方案

根据情境导入中的案例，需要对气缸体平面度进行测量。教师在组织教学的过程中，根据大众桑塔纳时代超人气缸平面度测量方案，让学生从实训中掌握气缸平面度的测量方法，如表 2-1 所示。

表 2-1　大众桑塔纳时代超人气缸体平面度测量方案表

	大众桑塔纳时代超人气缸体平面度测量方案	
车辆信息描述	车辆描述	大众桑塔纳时代超人，AJR 发动机，行驶里程 25 万 km，出厂时间：2005 年 6 月
	故障现象	发动机故障指示灯点亮，急加速时发动机内部有金属敲击声、抖动、烧发动机润滑油、发动机润滑油渗漏现象
设备/工具/耗材	AJR 发动机气缸体翻转架一套，常用工具，刀口尺，塞尺，吹枪，抹布，清洗剂	
安全要求及注意事项	1. 不要随意翻转发动机翻转架，以免砸伤； 2. 注意刀口尺的使用，以免划伤，以及刀口尺的放置位置； 3. 使用塞尺时要将塞尺轻轻插入被测间隙内，如果过松或过紧则更换，如此反复试插，直至松紧适度为止	
工作步骤	1. 用汽油或清洗剂清洗气缸体，之后用吹枪吹干净； 2. 取出刀口尺，对气缸体上平面最外侧螺纹孔的对角线方向位置、所有螺纹孔的直线方向位置进行测量； 3. 在刀口尺测量的有漏光间隙的部位插入厚度适当的塞尺，记录间隙值	

教师对学生进行分组，每组选出一个小组长，小组长根据小组成员任务分工不同，确定不同任务的责任人。小组成员任务的划分可以参考下面的小组任务分配表，如表 2-2 所示。

表 2-2　小组任务分配表

	小组任务	个人职责(任务)	小组成员
1	任务前期准备工作	准备该任务的设备、工具、耗材	
2	清洗气缸体并吹干	用清洗剂清洗气缸体，尤其是气缸体上端面，再将吹枪连上气管，吹净吹干气缸体	
3	测量气缸体平面进行，并记录实测数据	用刀口尺和塞尺对气缸体上平面最外侧螺纹孔的对角线方向位置、所有螺纹孔的直线方向位置进行测量，并记录数据	

实训中如果没有该车型，可以参考大众桑塔纳时代超人气缸体平面度测量方案和维修手册，制定该车型气缸体平面度测量方案，如表 2-3 所示。

表 2-3　气缸体平面度测量方案表

	________乘用车气缸体平面度测量方案	
车辆信息描述	车辆描述	
	故障现象	
设备/工具/耗材		
安全要求及注意事项		
工作步骤		

三、实施

依据制定方案实施，并填写项目单，如表 2－4 所示。

表 2－4　实训结果项目表

发动机型号		刀口尺共有几个放置位置?	
气缸体的材料		气缸体上平面最外侧螺纹孔的对角线方向的平面度误差值	
塞尺的刻度范围		螺纹孔的直线方向位置的平面度误差值	

项目 2　测量气缸圆度及圆柱度

一、知识链接

1. 外径千分尺

1）结构

外径千分尺常简称为千分尺，它是比游标卡尺更精密的长度测量仪器，由固定的尺架、测砧、测微螺杆、固定套管、微分筒、测力装置、锁紧装置、隔热装置等组成，如图 2－7 所示。

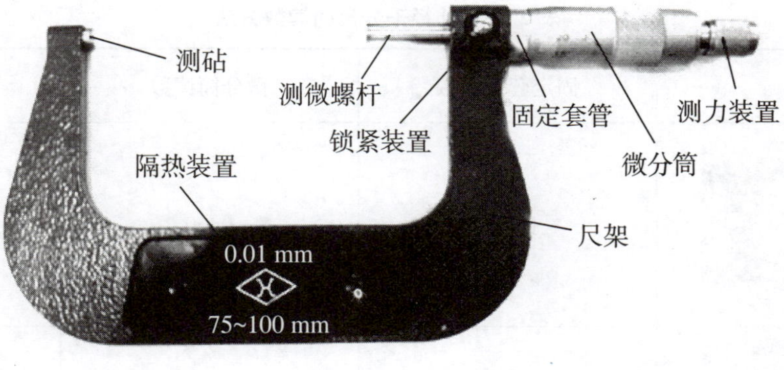

图 2－7　外径千分尺

2）读数方法

外径千分尺在固定套管轴向刻有一条纵刻线称为基线，基线的上下两侧各有一排均匀的刻线，刻线的间距都是 1 mm。上下刻线相互错开 0.50 mm，基线上方标有数字的一侧表示mm(毫米)数，基线下方未标数字的一侧为 0.50 mm 数，如图 2－8 所示。微分筒的圆锥面上刻有 50 等分格，测量精度为 0.01 mm，读出与基线对准的微分筒上的刻线数值为几，即有几个 0.01 mm。例如，与基线对准的微分筒上的刻线数值为 25，则微分筒上的数值为 25×0.01＝0.25 mm，如图 2－9 所示。

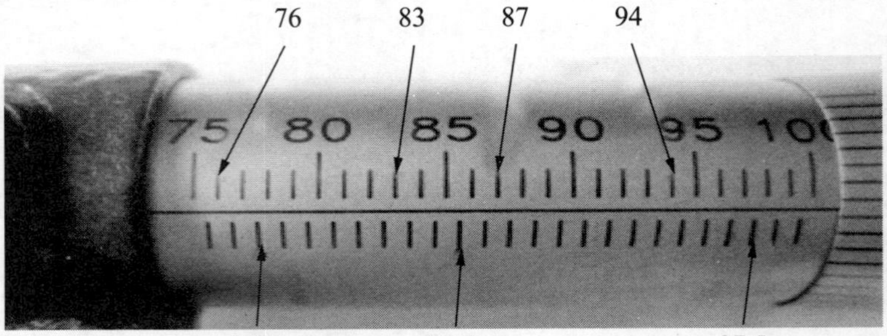

图 2-8　固定套管

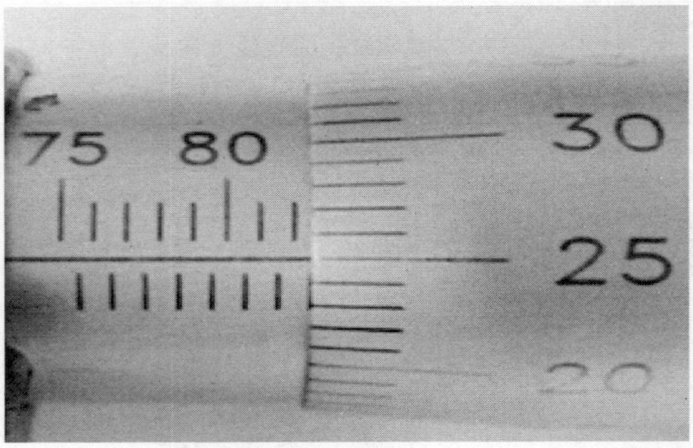

图 2-9　微分筒

外径千分尺的读数机构由固定套管和微分筒组成，固定套管上的纵刻线是微分筒读数值的基准线，而微分筒的端面是固定套管读数值的指示线。将固定套管的数据与微分筒的数据相加即为被测工件的实际尺寸，如表 2-5 所示。

表 2-5　外径千分尺的读数方法　　单位：mm

被测工件	固定套管读数	微分筒读数	被测工件尺寸
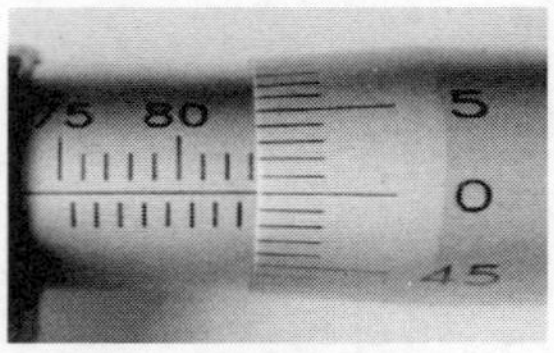	83.00	0.00	83.00
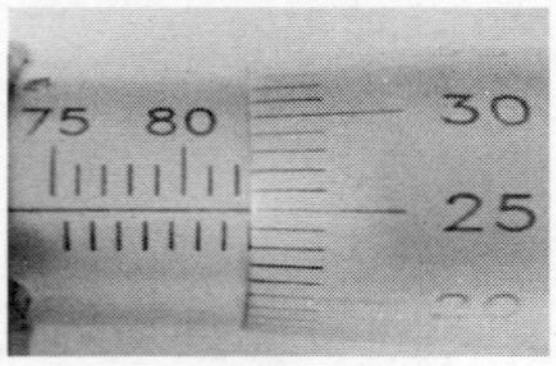	82.50	0.25	82.75
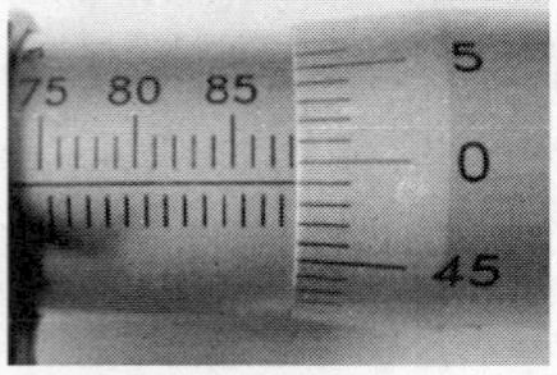	88.00	0.49	88.49

3）使用方法

（1）使用前应清洁外径千分尺，检查各活动部分是否灵活可靠。在全行程内微分筒的转动要灵活，测微螺杆的移动要平稳，锁紧装置的作用要可靠。

（2）零位的检查与调整

旋转微分筒使两测量面接近，检查时应手握校正量杆隔热套放入外径千分尺两测杆之间，旋转测力装置，使两测杆的测量面轻轻接触，直至棘轮发出“咔、咔”3～5响为止，如图2-10所示。微分筒的左端面应与固定套管的基线重合，同时微分筒的“0”线也应与固定套管的基线对齐，如图2-11所示，如果误差值超过0.01 mm，应予以调整。

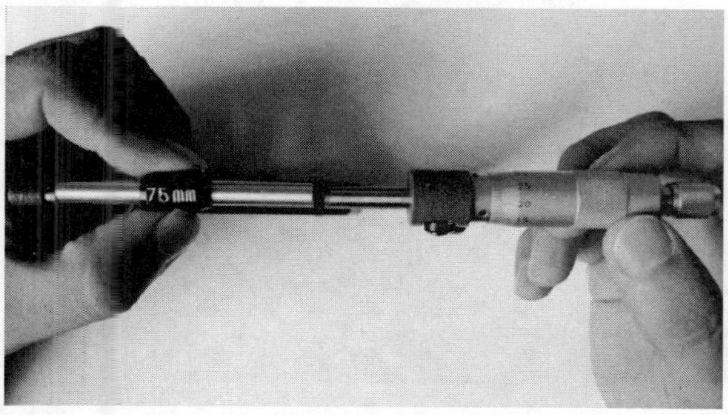

图2-10　旋转微分筒

图2-11　调整零线

2. 内径百分表

内径百分表是将测头的直线位移变为指针的角位移的计量器具，用于不同孔径的尺寸及其形状误差的测量，如图2-12所示。

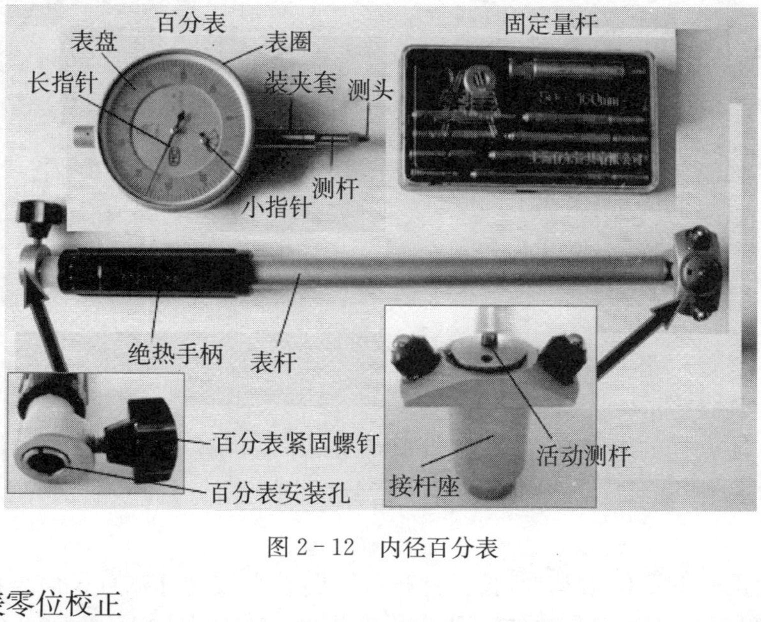

图2-12　内径百分表

1）内径百分表零位校正

（1）先用清洁的纱布将百分表的测头和测杆擦干净，进行外观检查，这时表盘不应松动，指针不应弯曲。测杆、测头等活动部分应无锈蚀和碰伤，移动要灵活，测量头应无磨损痕迹。

（2）检查校对百分表，旋转百分表刻度盘，使大指针指向“0”位，然后压缩测头，先快放一次，再慢放一次，大指针均能回到“0”。

(3) 组装内径百分表。将百分表装入表杆，使小指针指在“0”的位置上(百分表表面与接杆垂直，以便于测量时观察)。拧紧百分表紧固螺钉，如图 2-13 所示，安装后，用手压缩量缸表的下端测量头，表针应转动灵活。选择合适的固定量杆，例如，某气缸的标准尺寸为 78.700 mm，应选择 74～82 mm 的固定量杆，装上螺母，旋入接杆座，旋入适当长度，锁紧固定螺母，如图 2-14 所示。将校正后的千分尺调至某发动机气缸的标准尺寸(如 78.700 mm)，用锁紧装置锁止测微螺杆。

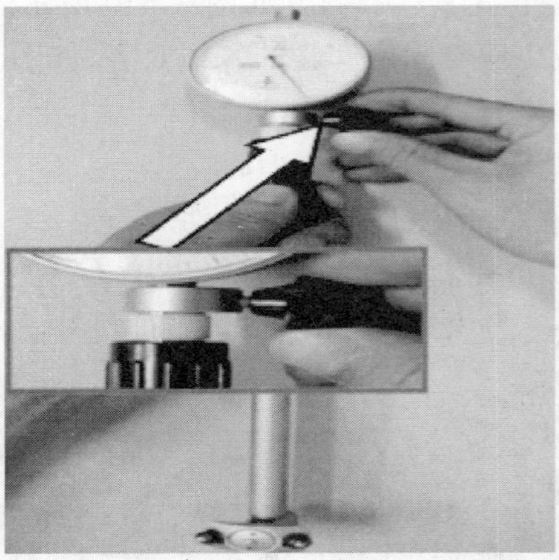

图 2-13 拧紧百分表紧固螺钉

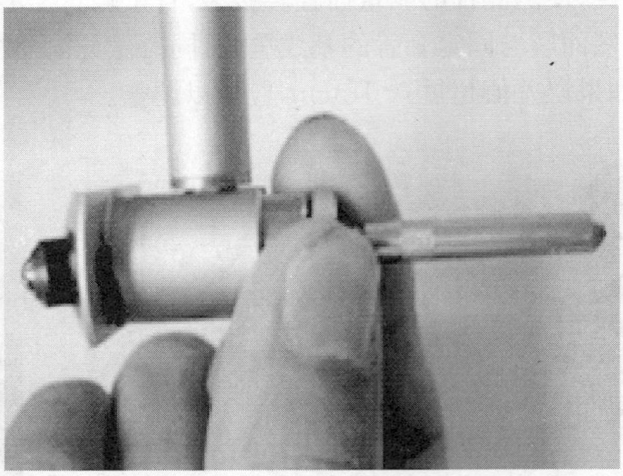

图 2-14 锁紧固定螺母

(4) 校对量缸表，使长指针归零(此时小指针在“2”的位置)，如图 2-15 所示。

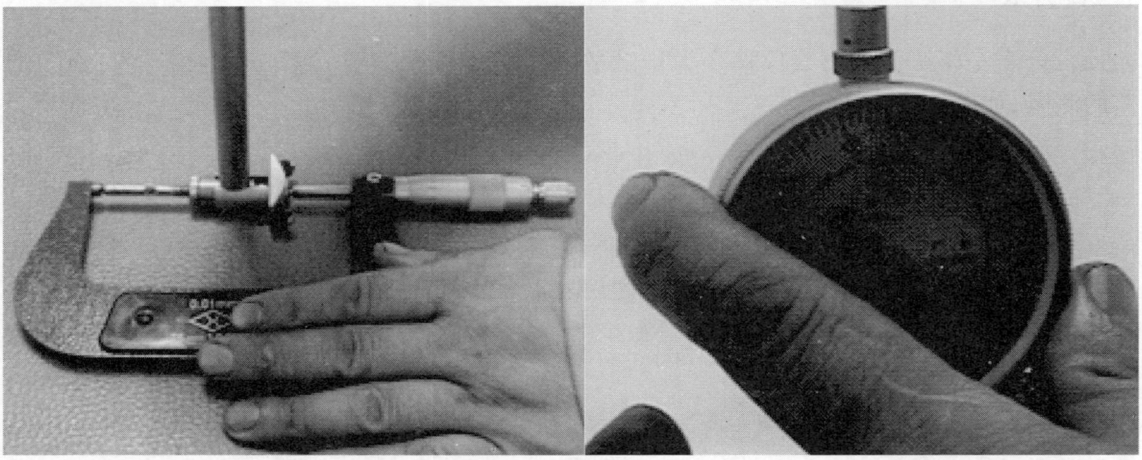

图 2-15 校对量缸表

2) 内径百分表的读数方法

(1) 测量时手拿住表杆的绝热手柄，将测杆倾斜放入气缸的测量面，并使测杆与气缸轴线保持垂直。沿着测杆方向微微来回摆动表杆，找出长指针的拐点位置，此位置表示测杆与气缸轴线垂直，如图 2-16 所示。

(2) 读数时以校正好的零位为基准，长指针顺时针转动则被测气缸直径值为标准值减去百分表读数值，长指针逆时针转动则被测气缸直径值为标准值加上百分表读数值，如图 2-17 所示。

3. 测量气缸圆度及圆柱度

测量前用抹布擦干净气缸体内壁，用校正好零位的量缸表分别测量气缸上(距气缸上边缘

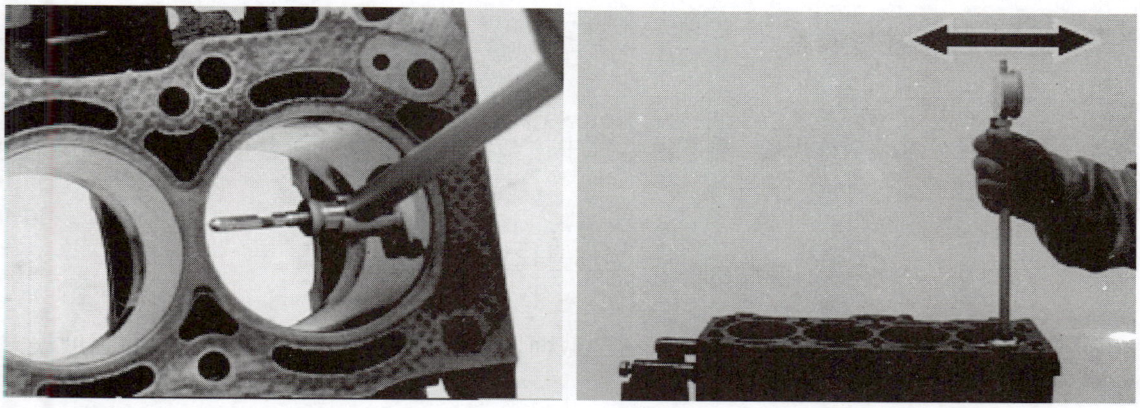

图 2-16　找出长指针的拐点位置

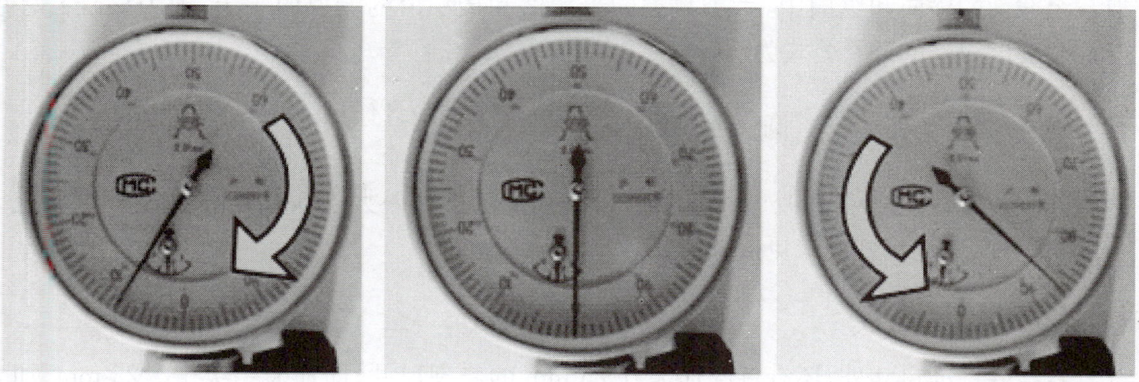

长指针读数：
8格 × 0.01 mm=0.08 mm,
则被测气缸直径：
78.700-0.08=78.620 mm

校好的零位

长指针读数：
13格 × 0.01 mm=0.13 mm,
则被测气缸直径：
78.700+0.13=78.830 mm

图 2-17　读数值

10 mm左右)、中(气缸中部)、下(距气缸下边缘 10 mm 左右)三个截面的横向和纵向的直径，如图 2-18 所示。

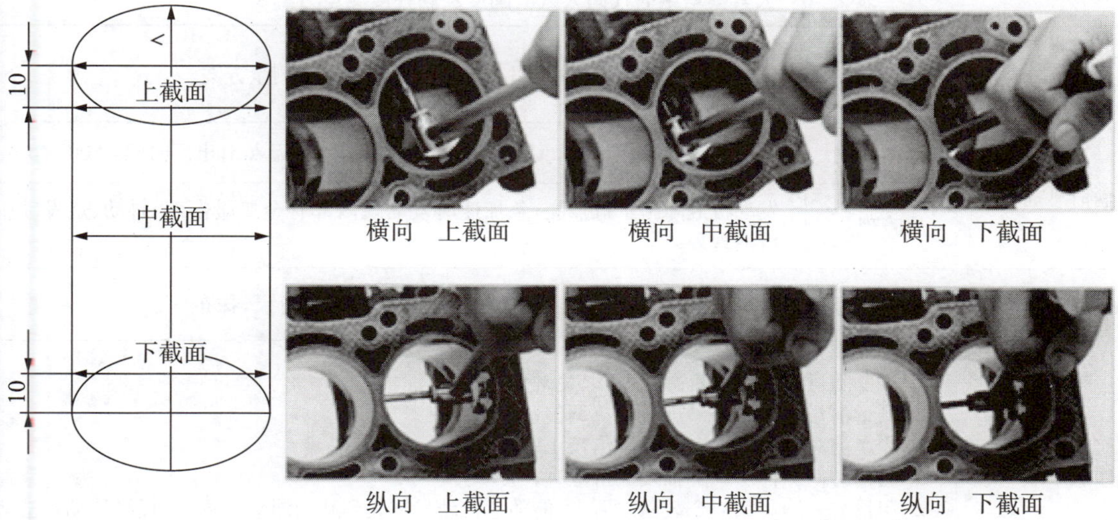

图 2-18　测量气缸圆度及圆柱度

4. 计算气缸圆度、圆柱度误差

1) 计算气缸圆度误差

分别计算三个截面的圆度误差，圆度误差等于该截面的纵向与横向差值的一半。气缸圆度误差的计算公式为

$$圆度误差=\frac{纵向直径-横向直径}{2}$$

上截面直径、中截面直径和下截面直径三个截面圆度误差最大值，即为该气缸的圆度误差，圆度误差应小于 0.05 mm。

2) 计算气缸圆柱度误差

取三个截面的横向和纵向中，六个数据的最大值和最小值的差值的一半，即为该缸圆柱度误差。气缸圆柱度误差的计算公式为

$$圆柱度误差=\frac{最大直径-最小直径}{2}$$

气缸的圆柱度误差应小于 0.15 mm，当气缸磨损的圆度误差大于 0.05 mm 或圆柱度误差大于 0.15 mm 时，气缸应进行修理或更换缸体。

5. 确定气缸修理尺寸

气缸直径除标准尺寸外，还有每次加大 0.25 mm 的修理尺寸，即加大一级＋0.25 mm、加大二级＋0.50 mm、加大三级＋0.75 mm、加大四级＋1.00 mm。发动机气缸的修理应按修理尺寸进行。

二、制定方案

根据情境导入中的案例，需要对气缸圆度及圆柱度进行测量。教师在组织教学的过程中，根据大众桑塔纳时代超人气缸平面度的测量方案，让学生从实训中掌握气缸圆度及圆柱度的测量方法，如表 2-6 所示。

表 2-6　大众桑塔纳时代超人气缸圆度及圆柱度测量方案表

	大众桑塔纳时代超人气缸圆度及圆柱度测量方案	
车辆信息描述	车辆描述	大众桑塔纳时代超人，AJR 发动机，行驶里程 25 万 km，出厂时间：2005 年 6 月
	故障现象	发动机故障指示灯点亮，急加速时发动机内部有金属敲击声、抖动、烧发动机润滑油现象
设备/工具/耗材	AJR 发动机气缸体翻转架一套，常用工具，内径百分表，外径千分尺，抹布	
安全要求及注意事项	1. 不要随意翻转发动机翻转架，以免砸伤； 2. 测量前对外径千分尺进行零位调整； 3. 测量前对内径百分表进行零位校正； 4. 测量时使测杆与气缸轴线保持垂直； 5. 用量缸表测量完一个截面以后，不能随意拉动量缸表到新的测量位置，应轻轻移动量缸表到新的位置，以防损坏气缸壁和量缸表	

（续表）

	大众桑塔纳时代超人气缸圆度及圆柱度测量方案
工作步骤	1. 用清洗剂清洗气缸内壁，之后用吹枪吹干，再用抹布擦净； 2. 对外径千分尺和百分表进行校正； 3. 组装量缸表并校准； 4. 测量气缸三个截面纵向和横向的直径； 5. 计算测量气缸的圆度和圆柱度； 6. 确定修理尺寸

教师对学生进行分组，每组选出一个小组长，小组长根据小组成员任务分工不同，确定不同任务的责任人。小组成员任务的划分可以参考下面的小组任务分配表，如表 2－7 所示。

表 2－7　小组任务分配表

	小组任务	个人职责（任务）	小组成员
1	任务前期准备工作	准备该任务的设备、工具、耗材	
2	清洗擦净气缸内壁	用清洗剂清洗气缸内壁，用吹枪吹干，再用抹布擦净	
3	对量具进行校准	校准外径千分尺；校准百分表；组装并校准量缸表	
4	测量气缸圆度及圆柱度	测量气缸三个截面的横向直径；测量气缸三个截面的纵向直径；计算气缸的圆度及圆柱度	

实训中如果没有该车型，可以参考大众桑塔纳时代超人气缸圆度及圆柱度测量方案和维修手册，制定该车型气缸体平面度测量方案，如表 2－8 所示。

表 2－8　气缸圆度及圆柱度测量方案表

	________乘用车气缸圆度及圆柱度测量方案	
车辆信息描述	车辆描述	
	故障现象	
设备/工具/耗材		
安全要求及注意事项		
工作步骤		

三、实施

依据制定方案实施,并填写项目单,如表 2-9 所示。

表 2-9 实训结果项目表

项目		实测记录			
		1 缸	2 缸	3 缸	4 缸
纵向	上				
	中				
	下				
横向	上				
	中				
	下				
计算误差	圆度误差				
	圆柱度误差				
修理尺寸确定					
修理级别					

检查与评估

1. 学生自我检查

学生通过对任务 1 的学习,独立结合实训车辆填写学习情况检查表(表 2-10),以检测自己对任务 1 学习的掌握情况。

表 2-10 学习情况检查表

	下列说法正确的画"√",错误的画"×"	
1	使用外径千分尺和量缸表时必须校准	
2	测量气缸平面度要刀口尺和塞尺配合使用	
3	测量气缸平面度时只需测量气缸平面的一个位置即可	
4	测量气缸体平面度时,所测塞尺的数值即为该气缸体平面度误差值	
5	百分表的测量精度为 0.01 mm	

（续表）

	下列说法正确的画“√”，错误的画“×”	
6	使用外径千分尺时，微分筒上的数值可以忽略不计	
7	使用量缸表时，应根据所测气缸的标准缸径尺寸选择合适的固定量杆	
8	在测量气缸体平面度和气缸圆度及圆柱度时应先清洗擦净所测表面	
9	量缸表的长指针顺时针转动则被测气缸直径值为标准值减去百分表读数值	
10	某气缸的圆度误差等于该截面的纵向与横向差值的一半	
11	三个截面的横向和纵向中，六个数据的最大值和最小值的差值的一半，即为该缸圆柱度误差	

2. 指导教师评估

指导老师在整个教学过程中，关注每个活动小组的工作过程以及小组成员的动手能力，并对小组成员的动手能力进行考核，如表 2－11 所示。

表 2－11　指导教师评估表

	考核量化指标	分值（总分）	学生得分
1	能够完成气缸体平面及气缸内壁的清洗	10	
2	能够完成刀口尺和塞尺的使用	10	
3	能够完成外径千分尺的使用	10	
4	能够完成百分表的校准	10	
5	能够完成量缸表的组装	10	
6	能够完成量缸表的使用	10	
7	能够完成气缸体平面度的测量	10	
8	能够完成气缸缸径的测量	10	
9	能够完成气缸圆度及圆柱度误差值的计算	10	
10	能够完成实训结果项目表的填写	10	
总计			

任务2 活塞连杆组件的检测与维修

任务描述

一、学习目标

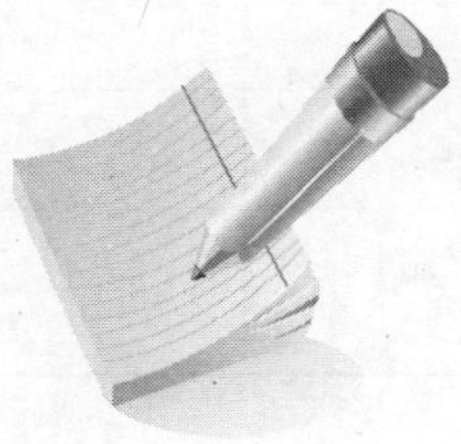	1. 能够完成活塞环的测量及更换； 2. 能够完成活塞的测量及更换； 3. 能够完成活塞销的测量及更换； 4. 能够完成连杆轴承的测量及更换

二、学习内容

	1. 活塞环侧隙和端隙的测量； 2. 活塞环的安装位置； 3. 活塞环切口的摆放位置； 4. 活塞环的更换； 5. 活塞及活塞销的测量； 6. 活塞及活塞销的更换； 7. 活塞连杆组的拆卸与安装； 8. 连杆轴承轴向间隙的测量； 9. 连杆轴承径向间隙的测量； 10. 连杆轴承的更换

项目1 更换活塞环

一、知识链接

1. 活塞连杆组

活塞连杆组由活塞、活塞环、活塞销、连杆、连杆轴承等组成，如图2-19所示。

2. 活塞环

活塞环是具有弹性的开口环，分为气环和油环，如图2-20所示。

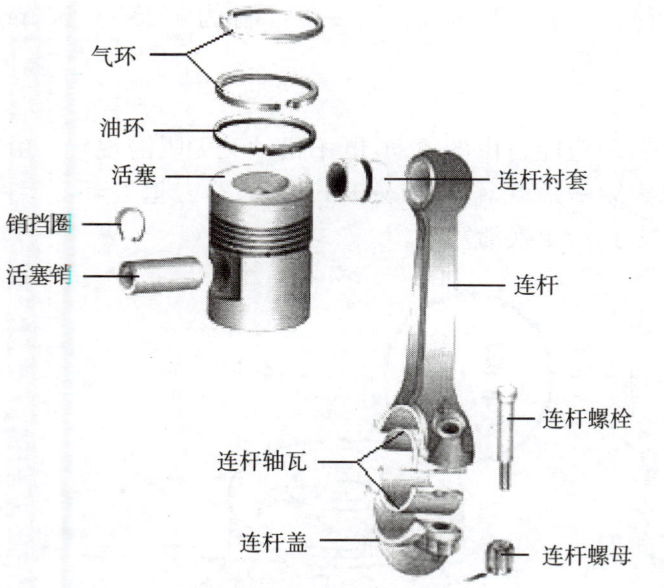

图 2－19　活塞连杆组

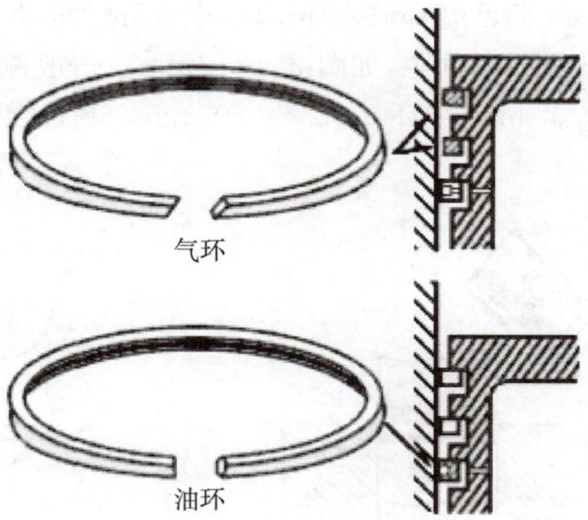

图 2－20　活塞环

1）气环

气环是保证气缸与活塞间的密封性，防止漏气，同时还防止润滑油进入燃烧室，还具有把活塞顶部吸收的大部分热量传给气缸壁，由冷却水带走的功能。气环开有切口，给活塞环的膨胀预留空间，一般有直角扣、斜口、梯形口等。汽油机一般采用两道气环，柴油机一般多采用三道气环。气环的断面形状很多，最常见的有矩形环、扭曲环、锥面环、梯形环和桶面环，如图 2－21 所示。

2）油环

油环起布油和刮油的作用，下行时刮除气缸壁上多余的发动机润滑油，上行时在气缸壁上铺涂一层均匀的油膜。这样既可以防止发动机润滑油窜入气缸燃烧掉，又可以减少活塞、活塞环与气缸壁的摩擦阻力，此外，油环还能起到封气的辅助作用。现发动机大多采用组合式油环，由上下两片侧轨环与中间的扩胀器组成，如图 2－22 所示。

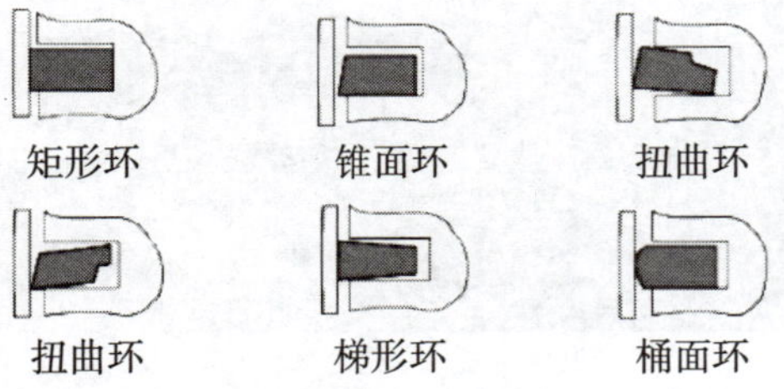

图 2－21　气环断面形状

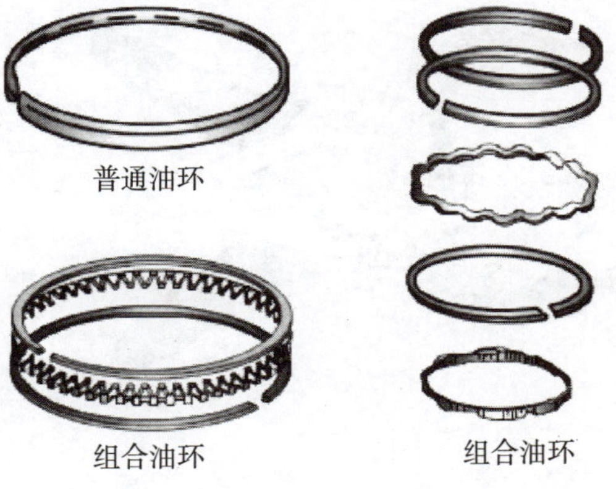

图 2－22　油环

3. 活塞环的测量

1）活塞环端隙（开口间隙）的测量

将活塞环置于待配的气缸内，用活塞将其推至气缸下部（下止点位置），并保证活塞环平行于气缸体平面。取出活塞,用塞尺插入开口处进行测量,如图 2-23 所示。一般端隙为 0.25～0.50 mm。超过维修尺寸,应更换活塞环。

2) 活塞环侧隙的测量

将活塞环放入环槽内,围绕环槽滚动一周,环应能自由的滚动,既不松动又无阻滞现象。用塞尺测量其间隙,如图 2-24 所示。一般侧隙为第一道气环 0.04～0.10 mm,第二道气环 0.03～0.07 mm,油环 0.025～0.07 mm。超过维修尺寸,应更换活塞环。

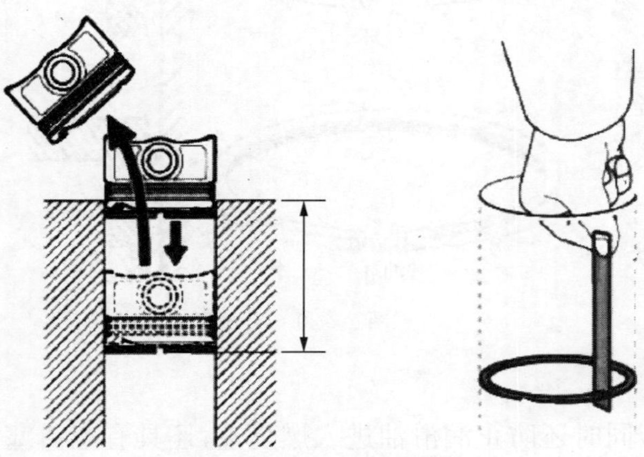

图 2-23　活塞环端隙的测量

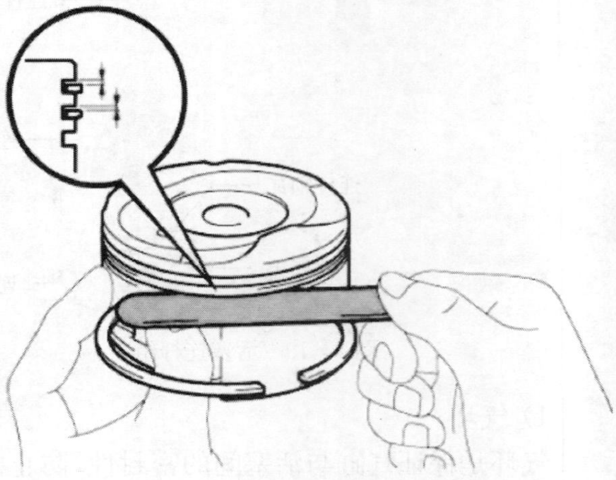

图 2-24　活塞环侧隙的测量

4. 活塞环的更换方法

1) 拆卸活塞环

使用活塞环扩张器拆下两道气环,如图2-25 所示。用手拆下组合油环,用铲刀清理活塞顶面积炭。

图 2-25　活塞环的拆卸

2) 安装活塞环

安装时要遵从由下到上的顺序,先装油环,然后装第二道气环,最后装第一道气环。第一道压缩环为镀铬环,第二道气环上的"TOP"标记应朝向活塞顶,如果是扭转环,安装时应将内倒角向上,外倒角向下。第一道气环口与活塞销轴线成 45°,第二道气环口与第一道气环口错开 180°,油环口与第二道气环口错开 90°。装上各环后，将润滑油滴入环与环槽处，用手转动各环，应灵活无阻滞感，如图 2－26 所示。

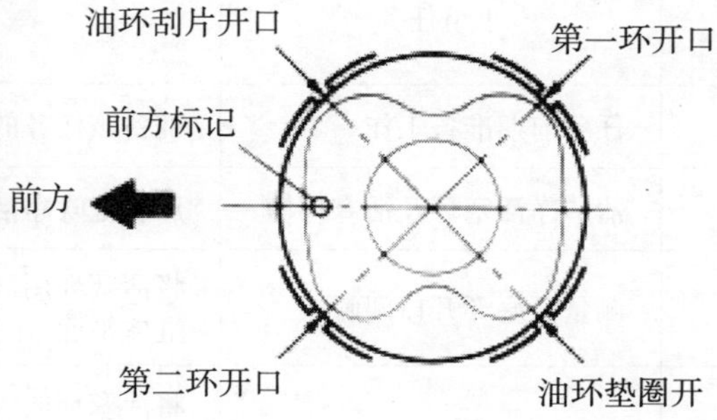

图 2－26　活塞环的安装

二、制定方案

根据情境导入中的案例，需要对活塞环进行更换。教师在组织教学的过程中，根据大众桑塔纳时代超人活塞环更换方案，让学生从实训中掌握活塞环的更换方法，如表 2－12 所示。

表 2－12　大众桑塔纳时代超人活塞环更换方案表

	大众桑塔纳时代超人活塞环更换方案	
车铡信息描述	车辆描述	大众桑塔纳时代超人，AJR 发动机，行驶里程 25 万 km，出厂时间：2005 年 6 月
	故障现象	发动机故障指示灯点亮，急加速时发动机内部有金属敲击声、抖动、烧发动机润滑油现象
设备、工具/耗材	AJR 发动机气缸体翻转架一套，活塞连杆组一套，常用工具，塞尺，吹枪，活塞扩张器，抹布	
安全要求及注意事项	1. 测量活塞环的开口间隙时，要注意要用活塞将活塞环推置气缸下部，并保证环平行于气缸体平面； 2. 测量活塞环侧隙时，一定要保证环能围绕环槽自由滚动，无阻滞现象； 3. 拆卸活塞环时要用活塞环扩张器拆卸气环，用手拆卸油环； 4. 安装活塞环时要先装油环，然后装第二道气环，最后装第一道气环； 5. 气环上的“TOP”标记应朝向活塞顶，第一道气环口与活塞销轴线成 45°，第二道气环口与第一道气环口错开 180°，油环口与第二道气环口错开 90°。装上各环后，将润滑油滴入环与环槽处，用手转动各环，应灵活无阻滞感	
工作步骤	1. 用吹枪吹净活塞环及活塞环槽； 2. 测量活塞环的开口间隙； 3. 测量活塞环的侧隙； 4. 拆卸两道气环； 5. 拆卸组合油环； 6. 安装组合油环； 7. 安装两道气环	

教师对学生进行分组，每组选出一个小组长，小组长根据小组成员任务分工不同，确定不同任务的责任人。小组成员任务的划分可以参考下面的小组任务分配表，如表 2-13 所示。

表 2-13　小组任务分配表

	小组任务	个人职责（任务）	小组成员
1	任务前期准备工作	准备该任务的设备、工具、耗材	
2	清洁净活塞环及活塞环槽	用吹枪吹净活塞环及活塞环槽	
3	测量活塞环开口间隙	将活塞环用活塞推置气缸下部，并保证环平行于气缸体平面，用塞尺测量活塞环开口间隙，并记录数据	
4	测量活塞环侧隙	将活塞环放入环槽内，围绕环槽滚动一周，环应能自由的滚动，既不松动又无阻滞现象。用塞尺测量其间隙，并记录数据	
5	更换活塞环	按要求拆卸活塞环，再按要求安装活塞环	

实训中如果没有该车型，可以参考大众桑塔纳时代超人活塞环更换方案和维修手册，制定该车型活塞环更换方案，如表 2-14 所示。

表 2-14　活塞环更换方案表

	______乘用车活塞环更换方案	
车辆信息描述	车辆描述	
	故障现象	
设备/工具/耗材		
安全要求及注意事项		
工作步骤		

三、实施

依据制定方案实施，并填写项目单。

1. 将实训结果填入活塞环测量表，如表 2－15 所示。

表 2－15　实训结果项目表(1)

	端隙	侧隙
第一道气环		
第二道气环		
油环		

2. 将实训结果填入活塞环更换表，如表 2－16 所示。

表 2－16　实训结果项目表(2)

气环的安装位置		第二道气环断面形状	
油环的安装位置		活塞环的安装顺序	
气环的切口方式		气环上的“TOP”标记的朝向	
第一道气环断面形状		三个活塞环切口的布置位置	

项目 2　更换活塞及活塞销

一、知识链接

1. 活塞

活塞主要由顶部、头部和裙部构成，如图 2－27 所示。活塞和缸盖、缸壁组成燃烧室，在做功时承受气体压力，并通过活塞销传给连杆，驱使曲轴旋转。活塞在高温、高压、高速、润滑不良的条件下工作，活塞的侧面(活塞裙部)和气缸之间有摩擦，活塞顶部承受着气体燃烧后很强的膨胀力和高温，活塞顶部温度高达 300℃～400℃，因此活塞具有质量轻、强度大、导热性能好等特性。

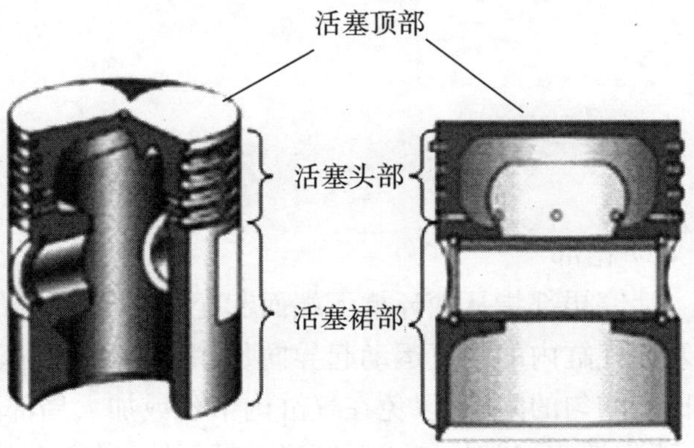

图 2－27　活塞

1）顶部

活塞顶部承受气体压力，它是燃烧室的组成部分，其形状、位置、大小都和燃烧室的具体形式有关，都是为满足可燃混合气形成和燃烧的要求，其顶部形状可分为三大类，平顶活塞、凸顶活塞和凹顶活塞，如图 2－28 所示。

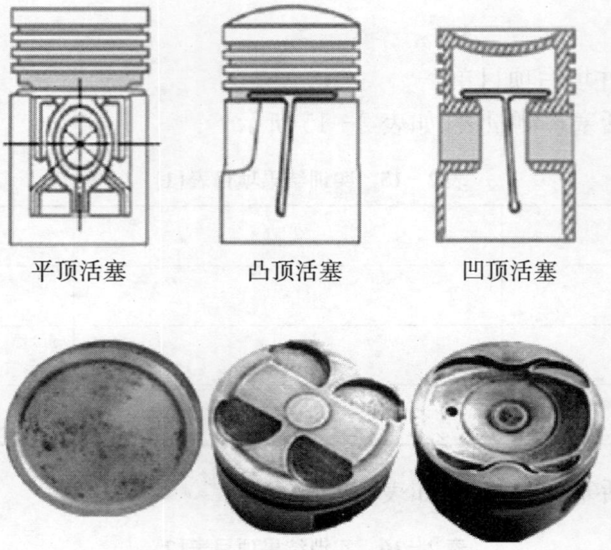

图 2-28　活塞顶部

2）头部

活塞头部指第一道活塞环槽到活塞销孔以上部分。它有数道环槽，用来安装活塞环，起密封作用，又称为防漏部。汽油机一般有三道环槽，其中有两道气环槽和一道油环槽，在油环槽底面上钻有许多径向小孔，使被油环从气缸壁上刮下的发动机润滑油经过这些小孔流回油底壳，如图 2-29 所示。

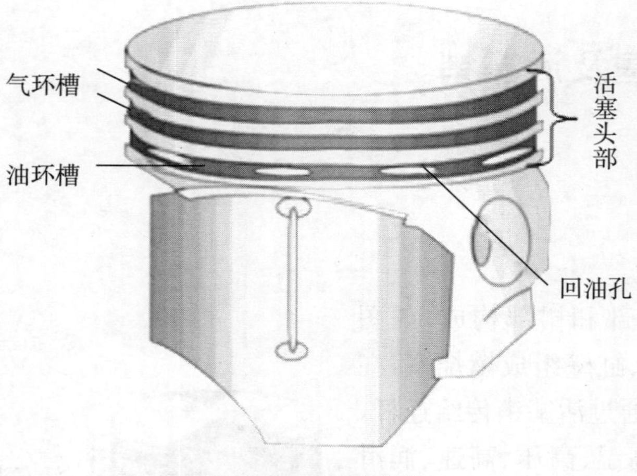

图 2-29　活塞头部

3）裙部

活塞裙部指从油环槽下端而起至活塞最下端的部分，它包括装活塞销的销座孔。活塞裙部对活塞在气缸内的往复运动起导向作用，并承受侧压力。为了使活塞在正常工作温度下与气缸壁保持比较均匀的间隙，以免在气缸内卡死或加大局部磨损，同时为了使裙部在工作时具有正确的圆柱形，要把活塞裙部加工成椭圆形，椭圆的长轴方向与销座垂直，如图 2-30 所示。为了使工作时活塞裙部上下直径趋于相等，即为圆柱形，就必须把活塞裙部制成上小、下大的锥形、阶梯型或桶形，如图 2-31 所示。

为了减小活塞裙部的受热量，制造时在活塞裙部开横向隔热槽，在裙部开纵向膨胀槽，可以补

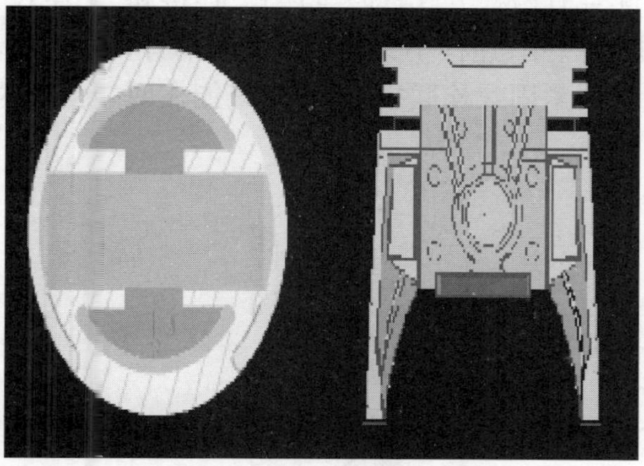

图 2-30 裙部椭圆

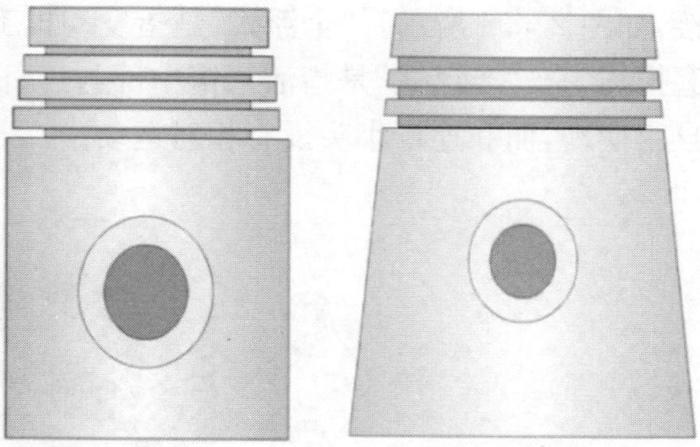

图 2-31 阶梯型锥形裙部

偿裙部受热后的变形量。槽的形状有“T”形和“Ⅱ”形，如图 2-32 所示。

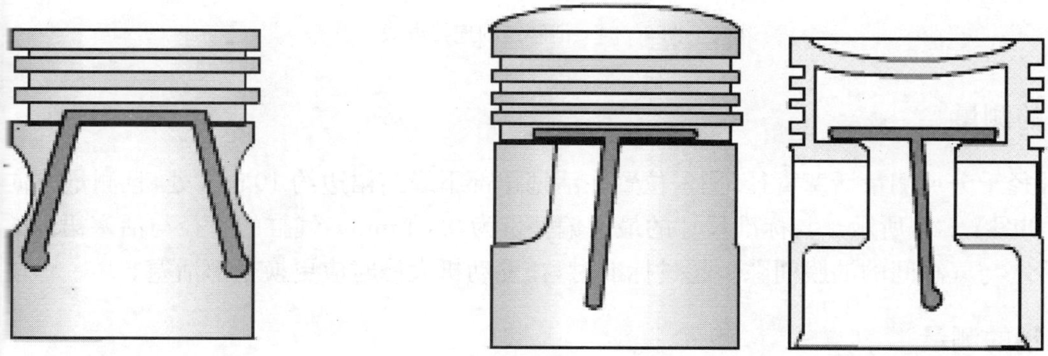

图 2-32 裙部槽形

2. 活塞销

活塞销的功用是连接活塞和连杆小头，将活塞承受的气体压力传给连杆。活塞销在高温下承受很大的周期性冲击载荷，其本身又作摆转运动，而且润滑条件较差，因而要求活塞销具有足够的强度和刚度，表面韧性好，耐磨性好，重量轻。所以活塞销一般都做成空心圆柱体，如图 2-33 所示。

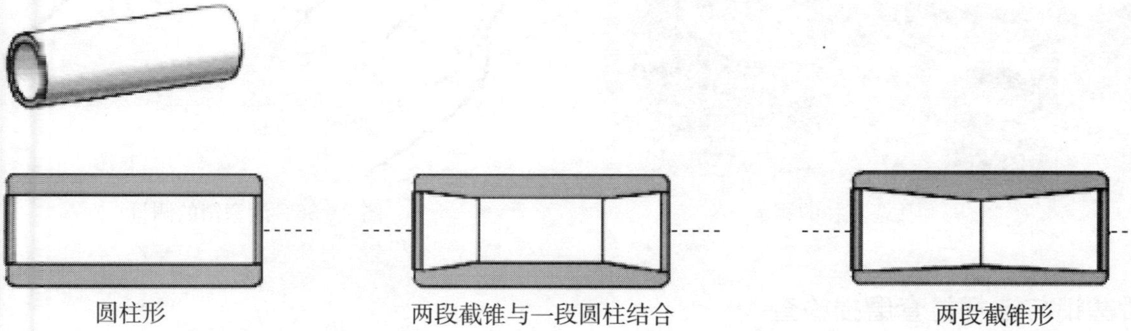

图 2-33 活塞销

活塞销与活塞销座孔及连杆小头衬套孔的连接配合有两种方式，即“全浮式”连接和“半浮式”连接，如图 2－34 所示。“全浮式”是指发动机工作时，活塞销、连杆小头和活塞销座都有相对运动，使磨损均匀。“半浮式”是指活塞销中部与连杆小头采用紧固螺栓联接，活塞销只能在两端销座内作自由摆动，而和连杆小头没有相对运动。

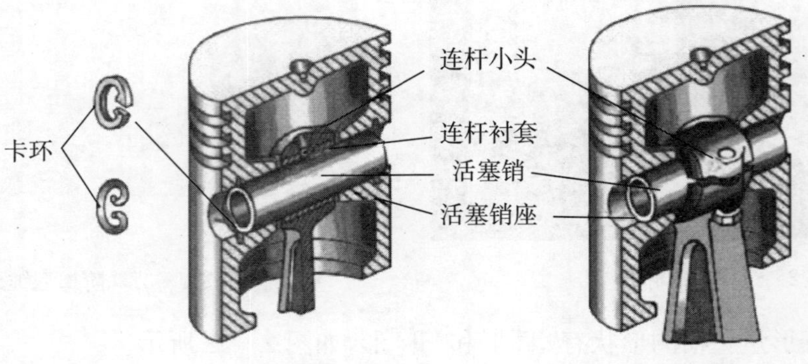

全浮式　　半浮式

图 2－34　活塞销的连接方式

3. 活塞的测量

用外径千分尺测量活塞直径，测量位置在活塞裙部下缘离裙边约 10 mm 处，且测量方向与活塞销垂直，如图 2－35 所示。与标准尺寸的最大偏差量为 0.04 mm。气缸的直径与活塞裙部的直径差值即为活塞与气缸间的油膜间隙。超过标准时，在发动机大修时应更换全部活塞。

4. 活塞销的测量

用外径千分尺测量活塞销外径，如图 2－36 所示，查阅维修手册，如果磨损超过标准，应更换活塞销。

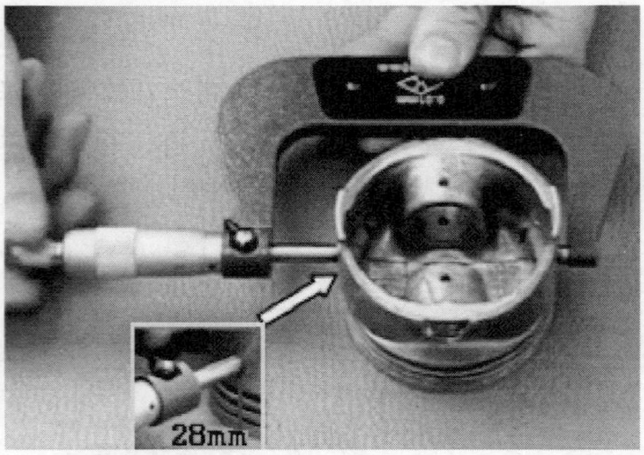

图 2－35　活塞直径的测量

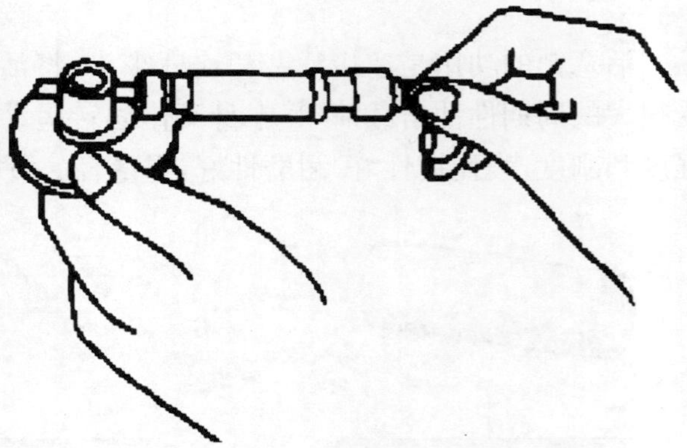

图 2－36　活塞销的测量

5. 活塞销与连杆衬套磨损检查

检查活塞销与连杆衬套磨损，握住活塞，将连杆沿连杆竖直方向上下移动，如图 2－37 所示，如果稍许感觉到移动量则应更换活塞和活塞销。

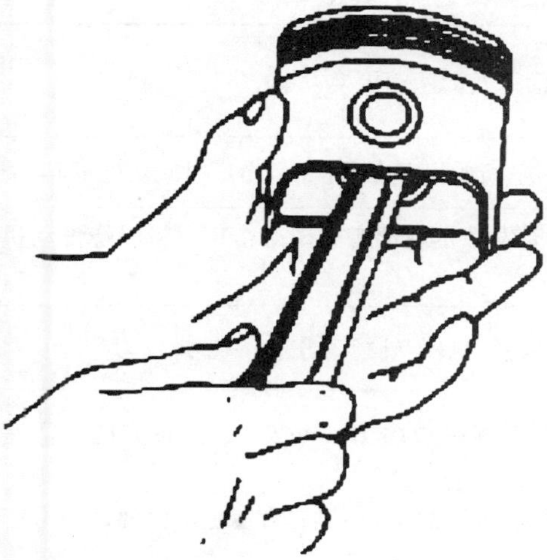

图 2－37　活塞销与连杆衬套磨损检查

图 2－38　加热活塞

6. 活塞及活塞销的更换方法

1）拆卸

使用螺丝刀撬出两个卡环，对活塞加热至 60℃～80℃，如图 2－38 所示，再用橡胶锤和铜棒轻轻敲出活塞销，并拆下活塞。

2）安装

用加热器加热活塞，将活塞加热至 60℃～80℃，取出活塞迅速擦净活塞销座孔，将活塞销推入活塞一端座孔，将连杆小头衬套涂上一层发动机润滑油，放入活塞销两座孔之间，要注意活塞顶部的朝前标记和连杆的朝前标记要同时朝向同一方向，如图 2－39 所示。然后将活塞销推入连杆衬套，直至活塞的另一端，再用尖嘴钳装上卡环，装卡环时要注意确保卡环的端口与活塞销孔切口部位都错开。

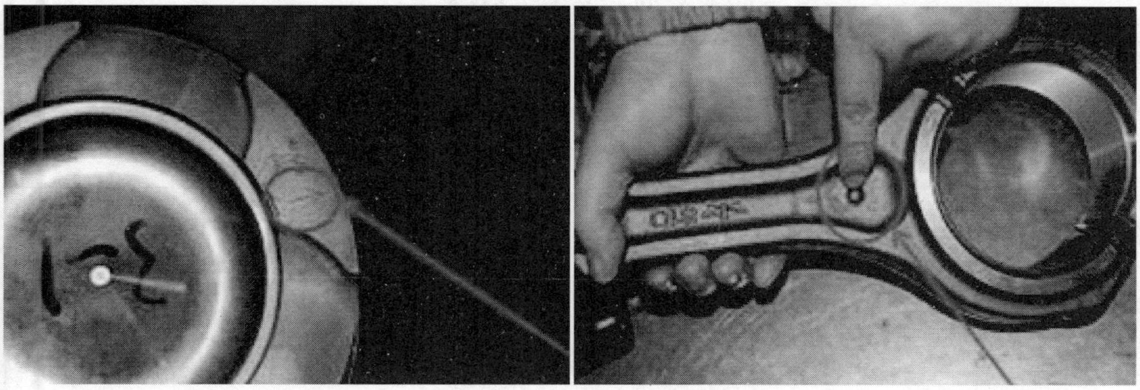

图 2－39　朝前标记

二、制定方案

根据情境导入中的案例，需要对活塞及活塞销进行更换。教师在组织教学的过程中，根据大众桑塔纳时代超人活塞及活塞销更换方案，让学生从实训中掌握活塞及活塞销的更换方法，如表 2－17 所示。

表 2－17　大众桑塔纳时代超人活塞及活塞销更换方案表

<table>
<tr><td></td><td colspan="2">大众桑塔纳时代超人活塞及活塞销更换方案</td></tr>
<tr><td rowspan="2">车辆信息描述</td><td>车辆描述</td><td>大众桑塔纳时代超人，AJR 发动机，行驶里程 25 万 km，出厂时间：2005 年 6 月</td></tr>
<tr><td>故障现象</td><td>发动机故障指示灯点亮，急加速时发动机内部有金属敲击声、抖动、烧发动机润滑油现象</td></tr>
<tr><td>设备/工具/耗材</td><td colspan="2">活塞连杆组一套，常用工具，加热器，尖嘴钳，橡胶锤，铜棒，外径千分尺，一字螺丝刀</td></tr>
<tr><td>安全要求及注意事项</td><td colspan="2">1. 测量活塞直径时，测量的位置为活塞裙部下缘离裙边约 10 mm 处，且测量方向与活塞销垂直；
2. 检查活塞销与连杆衬套磨损时，握住活塞，注意将连杆沿连杆竖直方向上下移动；
3. 拆卸及安装活塞时要先将活塞加热至 60℃～80℃；
4. 安装活塞时要注意活塞顶部的朝前标记和连杆的朝前标记要同时朝向同一方向；
5. 装卡环时要注意确保卡环的端口与活塞销孔切口部位都错开</td></tr>
<tr><td>工作步骤</td><td colspan="2">1. 测量活塞直径；
2. 测量活塞销直径；
3. 检查活塞销与连杆衬套磨损程度；
4. 拆卸活塞销卡环；
5. 加热活塞连杆组；
6. 拆卸活塞销；
7. 拆卸活塞；
8. 安装活塞及活塞销</td></tr>
</table>

教师对学生进行分组，每组选出一个小组长，小组长根据小组成员任务分工不同，确定不同任务的责任人。小组成员任务的划分可以参考下面的小组任务分配表，如表 2－18 所示。

表 2－18　小组任务分配表

	小组任务	个人职责(任务)	小组成员
1	任务前期准备工作	准备该任务的设备、工具、耗材	
2	测量活塞直径	用外径千分尺测量活塞裙部下缘离裙边约 10 mm 处的活塞直径，测量方向与活塞销方向垂直，并记录数据	
3	测量活塞销直径	用外径千分尺测量活塞销直径，并记录数据	
4	检查活塞销与连杆衬套磨损程度	握住活塞，将连杆沿连杆竖直方向上下移动，看是否有移动量	
5	拆卸活塞及活塞销	拆下卡环，对活塞加热至 60℃～80℃，拆下活塞及活塞销	
6	安装活塞及活塞销	将活塞加热至 60℃～80℃，安装活塞及活塞销	

实训中如果没有该车型，可以参考大众桑塔纳时代超人活塞及活塞销更换方案和维修手册，制定该车型活塞及活塞销更换方案，如表 2－19 所示。

表 2-19 活塞及活塞销更换方案表

	________乘用车活塞及活塞销更换方案	
车辆信息描述	车辆描述	
	故障现象	
设备/工具/耗材		
安全要求及注意事项		
工作步骤		

三、实施

依据制定方案实施，并填写项目单，如表 2-20 所示。

表 2-20 实训结果项目表

活塞直径		连杆的朝前标记位置	
活塞销直径		活塞销卡环的安装位置	
活塞销与连杆衬套上下移动时是否有移动量?		拆卸活塞时要将活塞加热至多少摄氏度?	
活塞顶部的朝前标记位置		所更换的活塞，活塞裙部属于哪种形状?	

项目3 更换连杆轴承

一、知识链接

1. 连杆轴承

连杆轴承又称为连杆轴瓦，起到减小摩擦阻力和减轻曲轴连杆轴颈的磨损。轴瓦分上、下两个半片，每个瓦片上制有定位凸缘，供安装时嵌入连杆大头和连杆盖的定位槽中，以防轴瓦前后移动或转动，有的轴瓦上还制有油孔，安装时应与连杆上相应的油孔对齐，如图 2-40 所示。

2. 活塞环夹紧箍

用于安装活塞连杆组时加紧固定活塞环的工具，如图 2-41 所示。

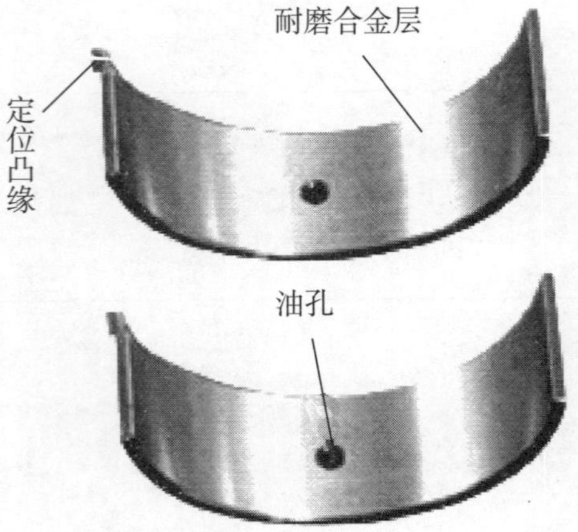

图 2-40　连杆轴承

图 2-41　活塞环夹紧箍

3. 测量连杆轴承的轴向间隙

用塞尺测量连杆轴承的轴向间隙，如图 2-42 所示，磨损极限为 0.4 mm，超过磨损极限应更换连杆轴承。

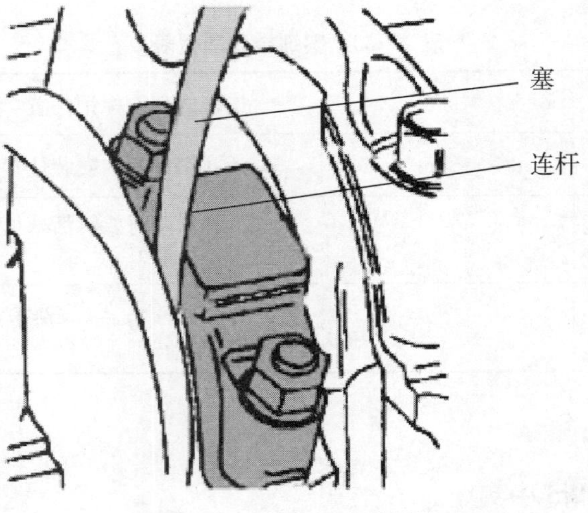

图 2-42　轴向间隙的测量

4. 测量连杆轴承的径向间隙

连杆轴承的径向间隙又称为连杆油膜间隙，清洁曲柄销及轴承，检查曲柄销和轴承是否有划痕和点蚀，把一小段塑料间隙规横置于曲柄销上，如图 2-43 所示，装上连杆盖，用扭力扳手拧紧至标准力矩，注意不要转动曲轴，再拆下连杆盖，测量塑料间隙规的最宽处，其数值即为连杆轴承的径向间隙，磨损极限为 0.12 mm，超过磨损极限应更换连杆轴承。

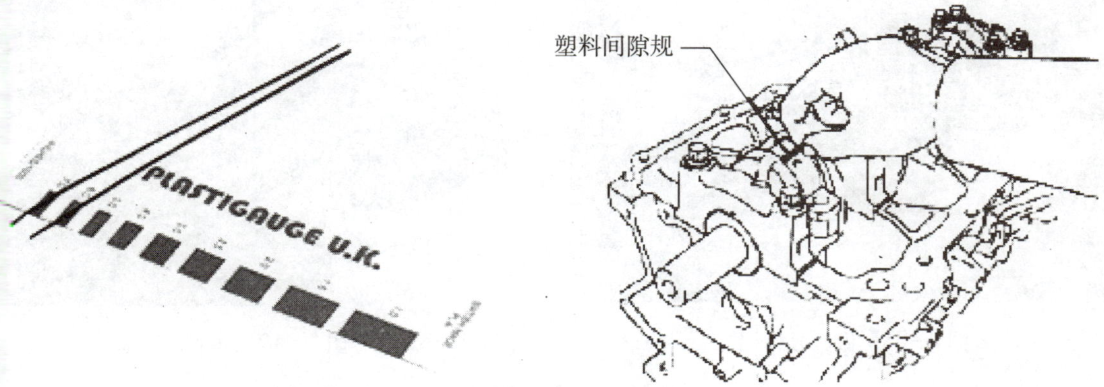

图 2-43　径向间隙的测量

5. 连杆轴承的更换方法

1）拆卸

按照一、四、二、三缸的顺序，先拆卸活塞连杆组，旋转曲轴，使第一缸活塞到达下止点位置，如图 2-44 所示。

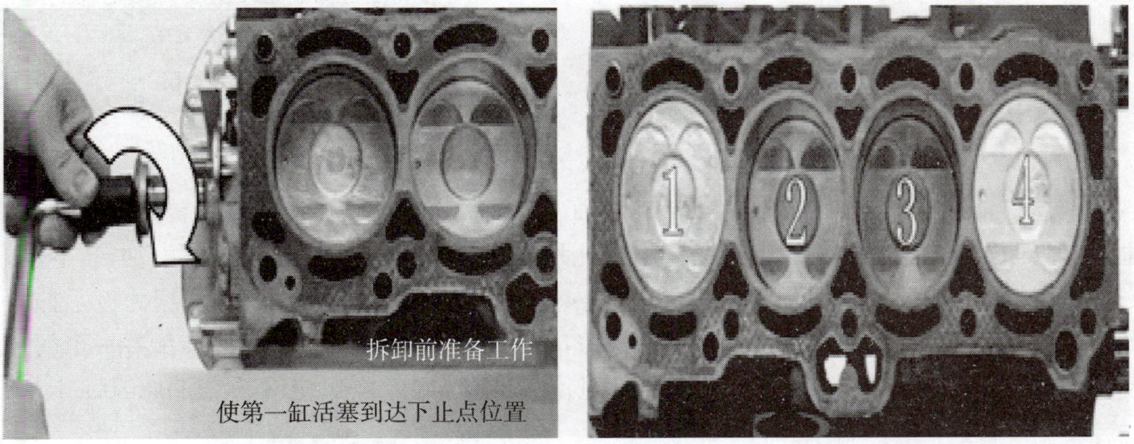

图 2-44　调整一缸上止点

用冲子在连杆盖和杆身上做缸号标记，如图 2-45 所示。用扳手均匀拧松连杆盖的两个紧固螺栓，再用两个已拆下的连杆螺栓，通过左右摇晃连杆，拆下连杆盖和下连杆轴承，如图 2-46 所示。

用锤子的木柄缓慢推击连杆下端，使活塞从下止点位置，向上止点位置移动，同时另一只手在活塞下方做好保护（避免因为用力过猛而使活塞突然推出落地），并取出活塞和连杆，再拆下上轴瓦。

2）安装

将新的上轴瓦涂上发动机润滑油装在连杆上，在气缸壁、活塞裙部、活塞销上涂抹少量的发动机润滑油，用活塞环夹紧箍加紧活塞头部，将活塞连杆放入气缸中，使活塞顶部的标记指向发动机前方，即曲轴正时皮带轮方向，如图 2-47 所示。用活塞环夹具收紧各环，用手锤木柄推击活塞进入气缸，如图 2-48 所示。

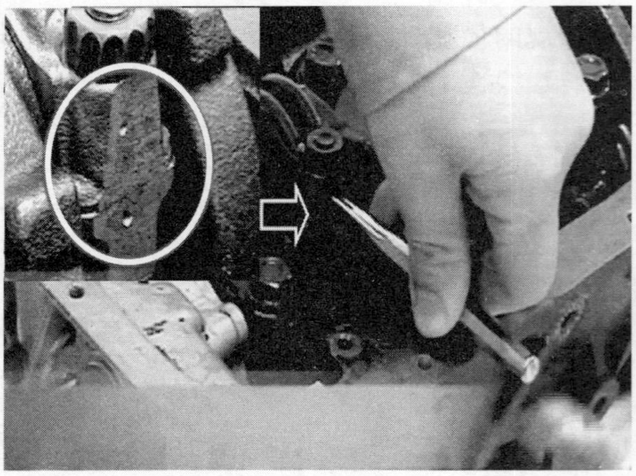

图 2-45　做缸号标记

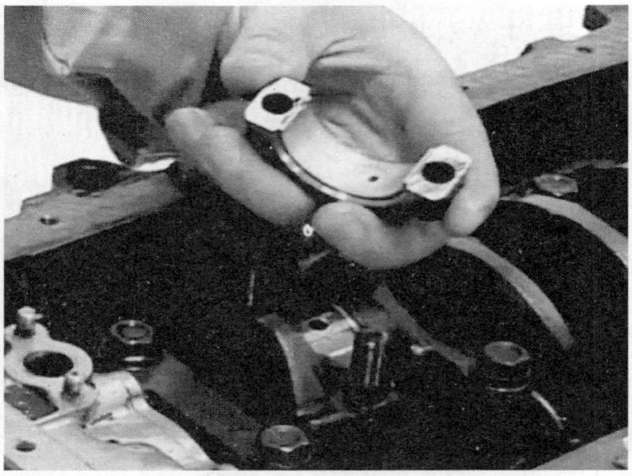

图 2-46　拆下连杆轴承

图 2-47　朝前标记

图 2-48　安装活塞

撤去夹具，继续推击活塞直至连杆大头和曲轴连杆轴颈接合。摇转发动机翻转架，使气缸体下平面朝上，润滑曲轴连杆轴颈、连杆盖轴瓦，将下轴瓦片装到连杆盖上，涂上发动机润滑油，装上连杆盖，注意连杆盖的向前标记指向发动机前方，如图 2-49 所示。最后装上连杆螺母，用扭力扳手拧紧至标准力矩，再旋紧 90°，如图 2-50 所示。用同样方法，更换其他缸连杆轴承，注意每装配好一个气缸的活塞连杆组，都应转动曲轴，曲轴应转动自如，无明显重、卡现象，如有卡滞，应拆下，查明原因后重新安装。

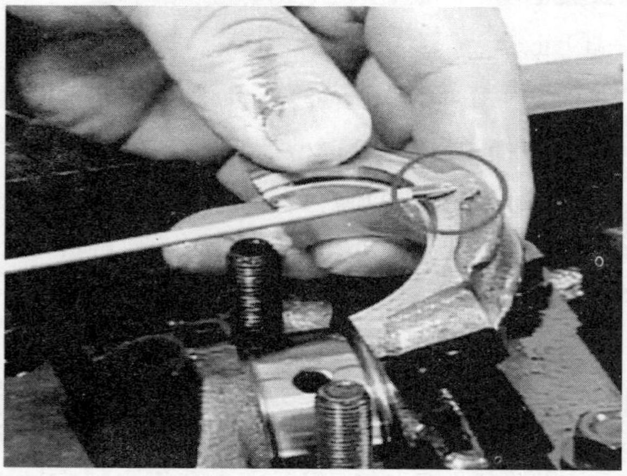

图 2-49　连杆盖朝前标记

图 2-50　拧紧螺栓

二、制定方案

根据情境导入中的案例，需要对连杆轴承进行更换。教师在组织教学的过程中，根据大众桑塔纳时代超人连杆轴承的更换方案，让学生从实训中掌握连杆轴承的更换方法，如表 2－21 所示。

表 2－21　大众桑塔纳时代超人连杆轴承的更换方案表

	大众桑塔纳时代超人连杆轴承更换方案	
车辆信息描述	车辆描述	大众桑塔纳时代超人，AJR 发动机，行驶里程 25 万 km，出厂时间：2005 年 6 月
	故障现象	发动机故障指示灯点亮，急加速时发动机内部有金属敲击声、抖动、烧发动机润滑油现象
设备/工具/耗材	活塞连杆组一套，常用工具，木柄锤，外径千分尺，活塞夹紧箍，少量发动机润滑油或发动机润滑油枪，塞尺，扭力扳手，冲子，塑料间隙规	
安全要求及注意事项	1. 测量连杆轴承的径向间隙时，注意连杆盖紧固螺母拧紧至标准力矩后不要再拧紧，也不要转动曲轴； 2. 拆卸连杆盖时，要将该缸活塞旋转至下止点位置，还注意要在连杆盖和杆身上做标记，如果原车有标记就不用另做； 3. 用锤子的木柄缓慢推击连杆时，同时另一只手在活塞下方做好保护； 4. 安装轴瓦时要在轴瓦上涂上发动机润滑油； 5. 安装活塞连杆组时要在气缸壁、活塞裙部、活塞销上涂抹少量的发动机润滑油，同时活塞顶部的朝前标记要朝向发动机前方； 6. 紧固连杆螺母时，注意用扭力扳手拧紧至标准力矩，再旋紧 90°； 7. 注意每装配好一个气缸的活塞连杆组，都应转动曲轴，曲轴应转动自如，无明显重、卡现象，如有卡滞，应拆下，查明原因后重新安装	
工作步骤	1. 测量连杆轴承的轴向间隙； 2. 测量连杆轴承的径向间隙； 3. 拆下连杆盖； 4. 拆下活塞连杆总成； 5. 拆下连杆轴承； 6. 安装连杆下轴承； 7. 安装活塞连杆总成； 8. 安装连杆上轴承； 9. 安装连杆盖	

教师对学生进行分组，每组选出一个小组长，小组长根据小组成员任务分工不同，确定不同任务的责任人。小组成员任务的划分可以参考下面的小组任务分配表，如表 2－22 所示。

表 2－22　小组任务分配表

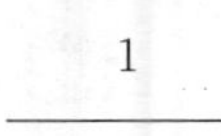	小组任务	个人职责(任务)	小组成员
1	任务前期准备工作	准备该任务的设备、工具、耗材	
2	测量连杆轴承轴向间隙	用塞尺测量连杆轴承的轴向间隙	

（续表）

	小组任务	个人职责（任务）	小组成员
3	测量连杆轴承的径向间隙	拆下连杆盖并清洁被测表面，放入塑料间隙规，横置于曲柄销上，装上连杆盖，用扭力扳手拧紧至标准力矩，注意不要转动曲轴，再拆下连杆盖，测量塑料间隙规的最宽处	
4	拆卸活塞连杆总成及连杆轴承	将该缸活塞旋转至下止点位置，在连杆盖和杆身上做标记，拆下活塞连杆组，拆下连杆轴承	
5	安装活塞连杆总成及连杆轴承	在连杆轴承、气缸壁、活塞裙部、活塞销上涂抹少量的发动机润滑油，安装朝前标记安装活塞连杆总成，安装连杆轴承及连杆盖	

实训中如果没有该车型，可以参考大众桑塔纳时代超人连杆轴承更换方案和维修手册，制定该车型连杆轴承更换方案，如表 2－23 所示。

表 2－23　连杆轴承更换方案表

	________乘用车连杆轴承的更换方案	
车辆信息描述	车辆描述	
	故障现象	
设备/工具/耗材		
安全要求及注意事项		
工作步骤		

三、实施

依据制定方案实施，并填写项目单，如表 2－24 所示。

表 2－24　实训结果项目表

连杆轴承径向间隙		活塞的下止点位置	
连杆轴承轴向间隙		活塞连杆组的拆卸方法	
连杆盖的朝前标记位置		活塞连杆组的安装方法	
连杆轴承的安装位置		连杆螺栓的紧固方法	

检查与评估

1. 学生自我检查

学生通过对任务 2 的学习，独立结合实训车辆填写学习情况检查表（表 2－25），以检测自己对任务 2 的掌握情况。

表 2－25　学习情况检查表

	下列说法正确的画“√”，错误的画“×”	
1	汽油机的活塞一般有两道气环，一道油环	
2	安装活塞环时可以不考虑环切口的位置	
3	安装活塞环时要先装第一道气环	
4	活塞的直径可在活塞头部测量	
5	安装活塞销时需要将活塞加热至 60℃～80℃	
6	活塞销卡环的安装位置没有特殊要求	
7	拆卸活塞连杆总成时，该缸活塞要处于下止点位置	
8	测量连杆轴承径向间隙时，装上连杆盖拧紧至标准力矩后还要再旋紧 90°	
9	安装活塞连杆总成时无需向气缸壁、活塞裙部、活塞销上涂抹少量的发动机润滑油	
10	每装配好一个气缸的活塞连杆组，都应转动曲轴，曲轴应转动自如，无明显重、卡现象，如有卡滞，应拆下，查明原因后重新安装	

2. 指导教师评估

指导老师在整个教学过程中，关注每个活动小组的工作过程以及小组成员的动手能力，并对小组成员的动手能力进行考核，如表 2－26 所示。

表 2-26　指导教师评估表

	考核量化指标	分值(总分)	学生得分
1	能够完成活塞环端隙的测量	10	
2	能够完成活塞环侧隙的测量	10	
3	能够完成活塞环的更换	10	
4	能够完成活塞直径的测量	10	
5	能够完成活塞销直径的测量	10	
6	能够完成活塞及活塞销的更换	10	
7	能够完成活塞连杆组的拆装	10	
8	能够完成连杆轴承轴向间隙的测量	10	
9	能够完成连杆轴承径向间隙的测量	10	
10	能够完成连杆轴承的更换	10	
总计			

任务3　曲轴飞轮组件的检测与维修

任务描述

一、学习目标

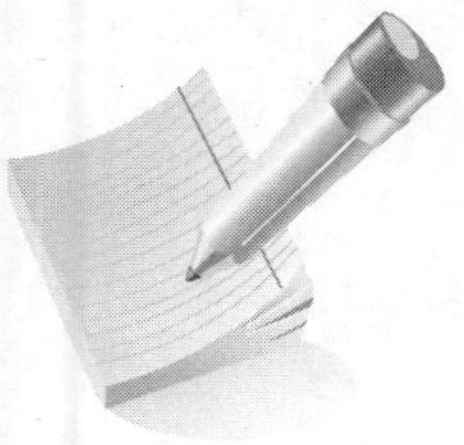

1. 能够完成曲轴轴承的测量及更换；
2. 能够完成曲轴后油封的更换

二、学习内容

1. 曲轴轴承径向间隙的测量；
2. 曲轴轴承轴向间隙的测量；
3. 曲轴的拆装；
4. 曲轴轴承的更换；
5. 飞轮的拆装；
6. 曲轴后油封的更换；
7. 密封胶的涂抹；
8. 拆卸曲轴后油封专用工具的使用

项目1　更换曲轴轴承

一、知识链接

1. 曲柄飞轮组

曲轴飞轮组主要由曲轴、飞轮和一些附件组成，如图2-51所示。

1）曲轴

曲轴是发动机最重要的机件之一。它与连杆配合将作用在活塞上的气体压力变为旋转的动力，传给底盘的传动机构。同时，驱动配气机构和其他辅助装置，如风扇、水泵、发电机等，如图2-52所示。

2）曲轴轴承及止推垫片

曲轴轴承用来承受曲轴运动时所产生的巨大载荷。曲轴轴承是发动机中的主要磨损零件，需

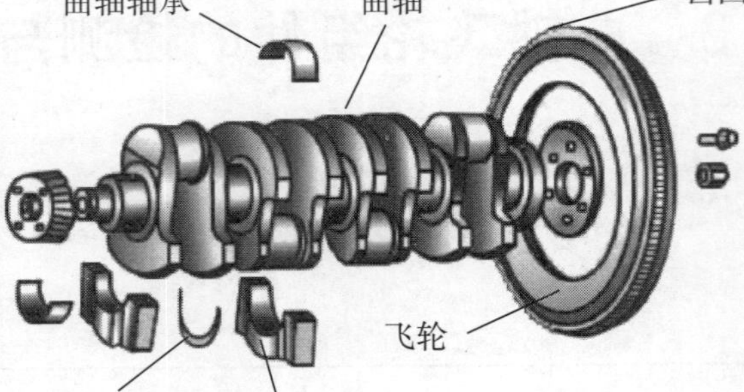

图 2-51 曲轴飞轮组

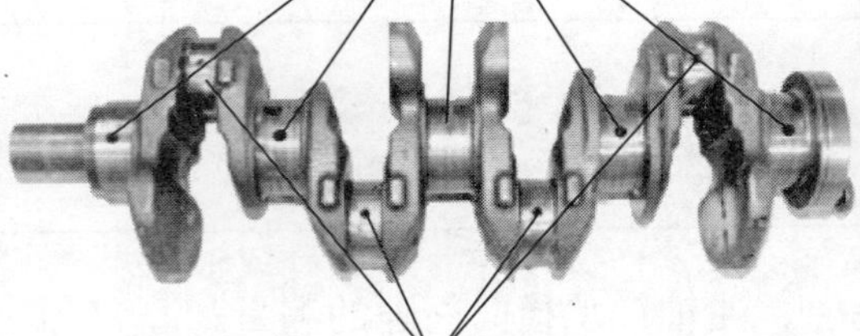

图 2-52 曲轴

要进行仔细的检查。止推垫片用来控制轴的轴向运动和端隙，储油槽能为止推面提供良好的润滑，如图 2-53 所示。

图 2-53 曲轴轴承及止推垫片

2. 曲轴轴承轴向间隙的测量

将千分表触杆顶在曲轴平衡铁上，沿曲轴轴向前后撬动曲轴，观察指针表数值，百分表指针的最大摆差即为曲轴轴向间隙，如图 2-54 所示。磨损极限为 0.3 mm，超过磨损极限应更换曲轴轴承。

3. 曲轴轴承径向间隙的测量

将轴承与轴颈擦干净，在主轴颈上放置一塑料间隙条，按标记装配轴承盖，用 65 N・m 的力矩拧紧(但此时不能转动曲轴)，再拆下轴承盖，用测量规测量塑料间隙条的宽度，如图 2-55 所示。测量值即为曲轴的径向间隙。磨损极限为 0.15 mm，超过磨损极限应更换曲轴轴承。

图 2－54　轴向间隙测量

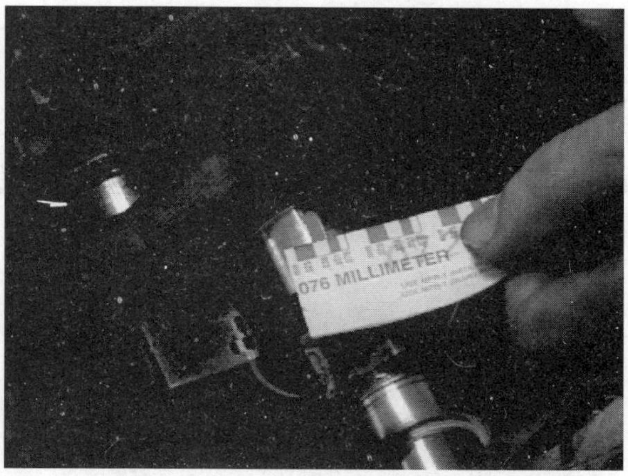

图 2－55　径向间隙测量

4. 曲轴轴承的更换方法

1）拆卸

按照从两边向中间对称的顺序，依次拆去轴承盖上的 10 个固定螺栓，如图 2－56 所示。用拆下的轴承盖螺栓来回摇动轴承盖并拆下轴承盖，如图 2－57 所示，再拆下下曲轴轴瓦，并将拆下的轴承盖、下曲轴轴瓦、止推垫片按顺序放好。

图 2－56　螺栓拧松顺序

图 2－57　取下曲轴轴承

向上取出曲轴，必须保持曲轴水平，如图 2－58 所示。最后取下气缸体轴承座上的曲轴轴承，如图 2－59 所示。主轴瓦上应无麻点或划痕，如果曲轴主轴瓦上有麻点或划痕，应更换主轴瓦。

图 2－58　取出曲轴

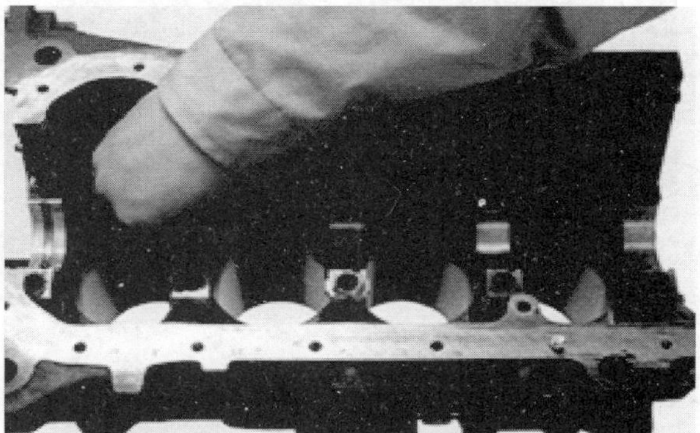

图 2－59　取下下曲轴轴承

2）安装

清洁曲轴轴承座，安装气缸体轴承座上的主轴瓦上瓦，在气缸体各主轴承座上涂上发动机润滑油，将各道主轴颈上瓦，安装在相应的轴承座内，在装好的主轴瓦上涂上发动机润滑油，如图 2－60 所示。在两个止推垫片光滑的一面上涂上润滑脂，将涂有润滑脂的 2 个上止推垫片安装在气缸体 3 号主轴承座两侧的止推垫片槽内，带油槽的一面向外，如图 2－61 所示。

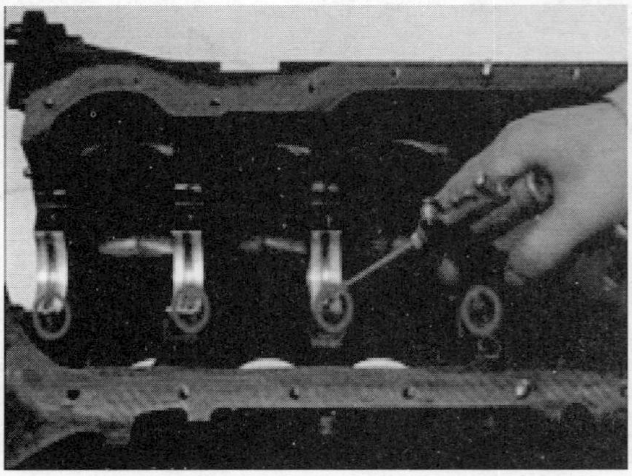

图 2－60　涂抹发动机润滑油

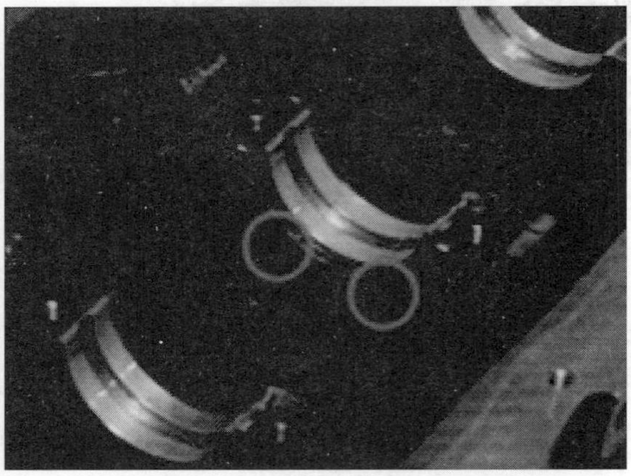

图 2－61　安装止推垫片

将曲轴水平安放到气缸体主轴承座上，检查止推垫片安装是否到位，如果不到位则重新安装。在轴承盖上涂抹发动机润滑油，将各道主轴颈下瓦安装在相应的轴承盖内，并按顺序摆放，在主轴颈上涂上发动机润滑油，先安装中间轴承盖两侧的止推垫片，下止推垫片的油槽朝外，安装中间轴承盖，并用手拧上螺栓。按轴承盖上的顺序号将其他 4 个轴承盖安装到相应的轴承座上，并用手拧上各个轴承盖的螺栓。用铜棒和手锤轻击各轴承盖，使轴承盖端面和气缸体轴承座端面贴合，如图 2－62 所示。最后拧紧轴承盖紧固螺栓，分 2～3 次从中间向两边，拧紧轴承盖上的螺栓，扭矩为 60 N·m，如图 2－63 所示。

图 2－62　安装轴承盖

图 2－63　拧紧螺栓

二、制定方案

根据情境导入中的案例，需要对曲轴轴承进行更换。教师在组织教学的过程中，根据大众桑塔纳时代超人曲轴轴承的更换方案，让学生从实训中掌握曲轴轴承的更换方法，如表 2－27 所示。

表 2-27　大众桑塔纳时代超人曲轴轴承更换方案表

	大众桑塔纳时代超人曲轴轴承更换方案	
车辆信息描述	车辆描述	大众桑塔纳时代超人,AJR 发动机,行驶里程 25 万 km,出厂时间:2005 年 6 月
	故障现象	发动机故障指示灯点亮,急加速时发动机内部有金属敲击声、抖动、烧发动机润滑油现象
设备/工具/耗材	气缸体(含曲轴飞轮组)一套,常用工具,木柄锤,铜棒,百分表,少量发动机润滑油或发动机润滑油枪,润滑脂,塑料间隙规,扭力扳手	
安全要求及注意事项	1. 测量曲轴轴承的径向间隙时,注意轴承盖紧固螺母拧紧至标准力矩后不要再拧紧,也不要转动曲轴; 2. 测量曲轴轴承轴向间隙时,注意沿曲轴轴向前后撬动曲轴; 3. 拆卸曲轴轴承盖时,要按照从两边向中间对称的顺序,依次拆去轴承盖上的 10 个固定螺栓; 4. 安装曲轴轴承时,要在气缸体各主轴承座上涂上发动机润滑油; 5. 安装轴瓦时要在轴瓦上涂上发动机润滑油润滑; 6. 安装止推垫片时,要在光滑的一面上涂上润滑脂且油槽要朝外; 7. 轴承盖螺栓拧紧后,要用铜棒和手锤轻击各轴承盖,使轴承盖端面和气缸体轴承座端面贴合; 8. 拧紧轴承盖紧固螺栓时要分 2～3 次从中间向两边拧紧	
工作步骤	1. 测量曲轴轴承的轴向间隙; 2. 测量曲轴轴承的径向间隙; 3. 按标准顺序拧松轴承盖紧固螺栓; 4. 拆下曲轴轴承盖及下曲轴轴承; 5. 拆下曲轴; 6. 拆下气缸体轴承座上的曲轴轴承; 7. 安装气缸体轴承座上的主轴瓦上瓦; 8. 安装各道主轴颈下瓦; 9. 安装曲轴轴承盖	

教师对学生进行分组,每组选出一个小组长,小组长根据小组成员任务分工不同,确定不同任务的责任人。小组成员任务的划分可以参考下面的小组任务分配表,如表 2-28 所示。

表 2-28　小组任务分配表

	小组任务	个人职责(任务)	小组成员
1	任务前期准备工作	准备该任务的设备、工具、耗材	
2	测量曲轴轴承轴向间隙	安装百分表,测量曲轴轴承的轴向间隙	
3	测量曲轴轴承的径向间隙	拆下曲轴轴承盖并清洁被测表面,放入塑料间隙规,测量曲轴轴承径向间隙	
4	拆卸曲轴轴承	拆下曲轴轴承盖,拆下下曲轴轴瓦,拆卸曲轴,拆下曲轴上轴瓦	
5	安装曲轴轴承	安装曲轴上轴瓦至曲轴轴承座,安装曲轴,安装曲轴轴承盖及曲轴下轴瓦	

实训中如果没有该车型，可以参考大众桑塔纳时代超人曲轴轴承更换方案和维修手册，制定该车型曲轴轴承更换方案，如表 2－29 所示。

表 2－29　曲轴轴承更换方案表

<table>
<tr><td colspan="3">______乘用车曲轴轴承更换方案</td></tr>
<tr><td rowspan="2">车辆信息描述</td><td>车辆描述</td><td></td></tr>
<tr><td>故障现象</td><td></td></tr>
<tr><td>设备/工具/耗材</td><td colspan="2"></td></tr>
<tr><td>安全要求及
注意事项</td><td colspan="2"></td></tr>
<tr><td>工作步骤</td><td colspan="2"></td></tr>
</table>

三、实施

依据制定方案实施，并填写项目单，如表 2－30 所示。

表 2－30　实训结果项目表

曲轴轴承径向间隙		百分表的安装位置	
曲轴轴承轴向间隙		止推垫片的油槽位置	
曲轴轴承的安装位置		曲轴轴承盖紧固螺栓的拆卸顺序	
止推垫片的安装位置		曲轴轴承盖紧固螺栓的拧紧顺序	

项目 2　更换曲轴后油封

一、知识链接

1. 曲轴后油封

曲轴油封起到防止机体内的发动机润滑油外溢的作用，同时也防止水(汽)与灰尘进入机体内，主要由橡胶做成，安装在油封座上，通过油封座固定在机体上，如图 2－64 所示。

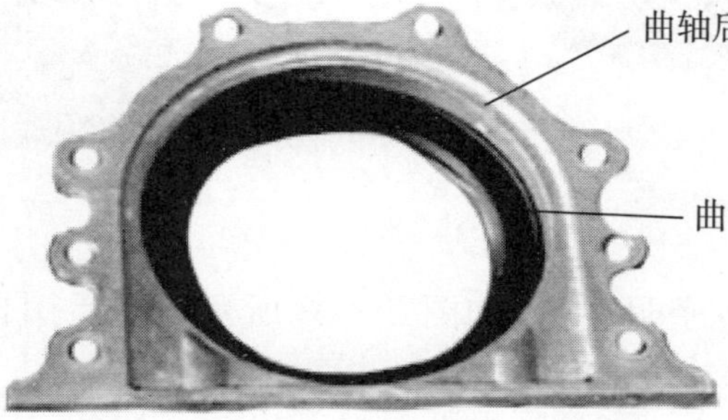

图 2－64　曲轴后油封

2. 飞轮

飞轮是用来贮存作功行程的能量，用于克服进气、压缩和排气行程的阻力和其他阻力，使曲轴能均匀地旋转。飞轮外缘压有的齿圈与起动电机的驱动齿轮啮合，供起动发动机用；汽车驱动装置如离合器、耦合器也装在飞轮上，利用飞轮后端而作为驱动件的摩擦面，用来对外传递动力，如图 2－65 所示。

图 2－65　飞轮

3. 曲轴后油封的更换方法

1）拆卸

用专用工具固定住飞轮，依次对角拧松 6 个飞轮固定螺栓，如图 2－66 所示。拆去 6 个固定螺栓，拆下飞轮。拆下发动机后油封座的 6 个固定螺栓，再用橡胶锤向外轻轻敲击后油封座(因为油封座在安装时涂了密封胶)，如图 2 - 67 所示，使其松脱。

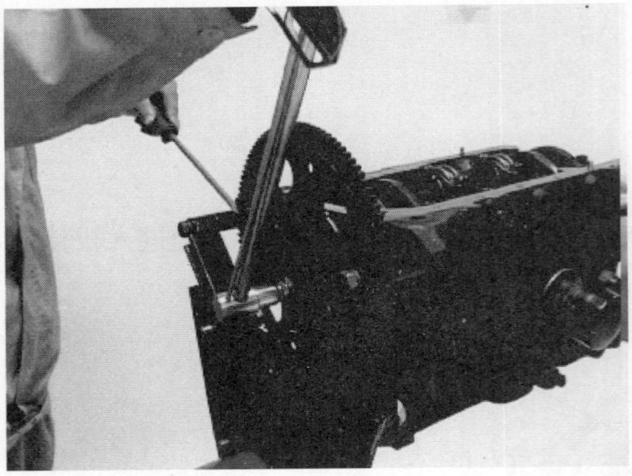

图 2 - 66　拧松螺栓

图 2 - 67　敲松后油封座

取下发动机后油封座总成及密封垫片，如图 2 - 68 所示。最后用自制工具，拆卸后油封，如图 2 - 69 所示。

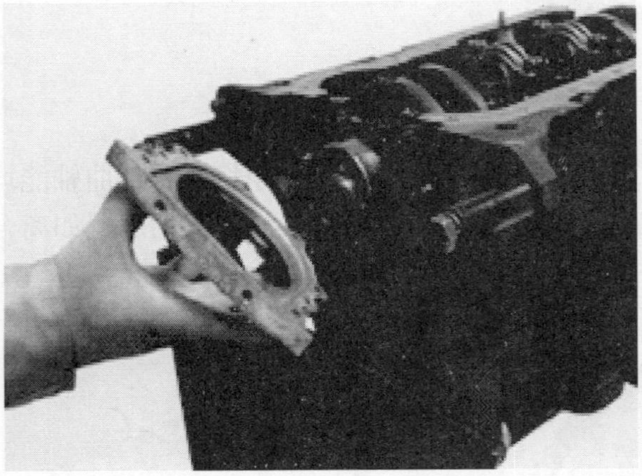

图 2 - 68　取下发动机后油封座总成及密封垫片

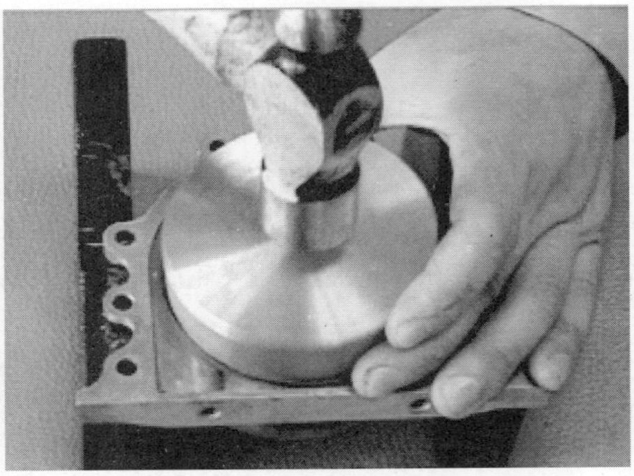

图 2 - 69　拆卸后油封

2) 安装

在油封外圈上涂上一圈密封胶，使用自制油封专用工具，将油封敲入后端盖中，使油封端面和后端盖端面平齐，用抹布擦去挤出的密封胶。在曲轴后端盖、后端盖与气缸体结合面上涂上密封胶，在后端盖密封圈唇部涂上润滑脂，如图 2 - 70 所示。安装曲轴后端盖垫片、曲轴后端盖。拧紧 6 个固定螺栓，扭矩为 9.3 N · m。最后安装飞轮，用专用工具固定，用扭力扳手按对角顺序对固定螺栓拧紧，扭矩为 60 N · m。

二、制定方案

根据情境导入中的案例，需要对曲轴后油封进行更换。教师在组织教学的过程中，根据大众桑塔纳时代超人曲轴后油封的更换方案，让学生从实训中掌握曲轴后油封更换方法，如表 2 -31 所示。

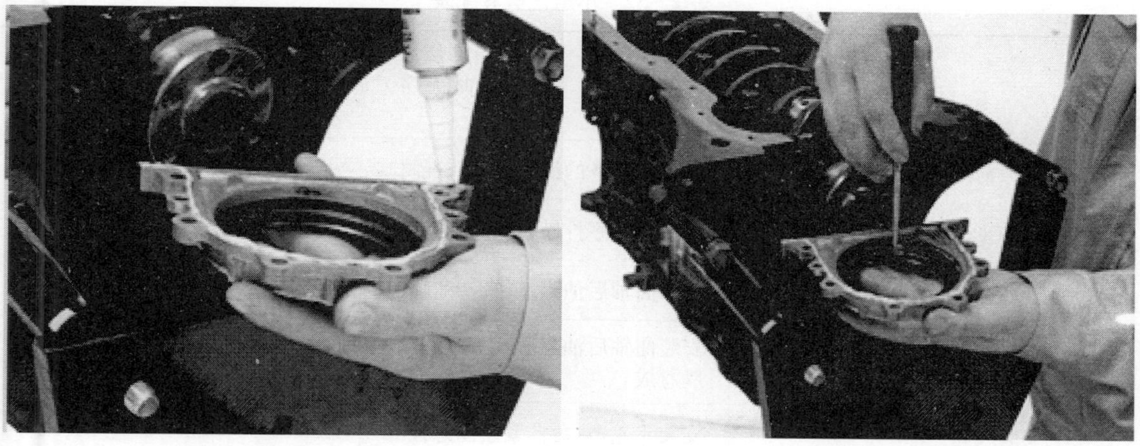

图 2－70　涂抹润滑脂

表 2－31　大众桑塔纳时代超人曲轴后油封更换方案表

	大众桑塔纳时代超人曲轴后油封更换方案	
车辆信息描述	车辆描述	大众桑塔纳时代超人，AJR 发动机，行驶里程 25 万 km，出厂时间：2005 年 6 月
	故障现象	发动机故障指示灯点亮，急加速时发动机内部有金属敲击声、抖动、烧发动机润滑油、发动机润滑油渗漏现象
设备/工具/耗材	气缸体（含曲轴飞轮组）一套，常用工具，木柄锤，铜棒，百分表，少量发动机润滑油或发动机润滑油枪，润滑脂，塑料间隙规，扭力扳手	
安全要求及注意事项	1. 拆卸飞轮紧固螺栓时要对角拧松螺栓； 2. 拆卸曲轴后油封座时，拆卸紧固螺栓后要用橡胶锤向外轻轻敲击后油封座至其松脱； 3. 拆卸曲轴后油封时要先将曲轴后油封座总成一起拆下后再用专用工具拆卸； 4. 安装曲轴后油封至曲轴后油封座时要在曲轴后油封上涂上密封胶，将油封敲入后端盖中，使油封端面和后端盖端面平齐； 5. 安装曲轴后油封座时要在其周围及后端盖与气缸体结合面上涂上密封胶，并在后端盖密封圈唇部涂上润滑脂； 6. 安装飞轮时要对角拧紧飞轮紧固螺栓，并拧紧至标准力矩	
工作步骤	1. 拆下飞轮； 2. 拆下曲轴后油封座总成； 3. 拆下曲轴后油封座垫片； 4. 拆下曲轴后油封； 5. 安装曲轴后油封； 6. 安装曲轴后油封座总成； 7. 安装飞轮	

教师对学生进行分组，每组选出一个小组长，小组长根据小组成员任务分工不同，确定不同任务的责任人。小组成员任务的划分可以参考下面的小组任务分配表，如表 2－32 所示。

表 2－32　小组任务分配表

	小组任务	个人职责(任务)	小组成员
1	任务前期准备工作	准备该任务的设备、工具、耗材	
2	拆卸飞轮	按对角顺序拧松紧固螺栓，拆下螺栓，拆下飞轮	
3	拆卸曲轴后油封	拆下曲轴后油封座，拆卸曲轴后油封	
4	安装曲轴后油封	安装曲轴后油封至后油封座，安装曲轴后油封座总成	
5	安装飞轮	安装飞轮，对角拧紧紧固螺栓	

实训中如果没有该车型，可以参考大众桑塔纳时代超人曲轴后油封更换方案和维修手册，制定该车型曲轴后油封更换方案，如表 2－33 所示。

表 2－33　曲轴后油封更换方案表

	______乘用车曲轴后油封更换方案	
车辆信息描述	车辆描述	
	故障现象	
设备/工具/耗材		
安全要求及注意事项		
工作步骤		

三、实施

依据制定方案实施，并填写项目单，如表 2－34 所示。

表 2－34　实训结果项目表

飞轮紧固螺栓的拆卸方法		安装时曲轴后油封安装至曲轴后油封座的什么位置？	
曲轴后油封的安装位置		安装曲轴后油封座时密封胶的涂抹位置	
曲轴后油封是否严重破损？		安装曲轴后油封座时润滑脂的涂抹位置	

检查与评估

1. 学生自我检查

学生通过对任务 3 的学习，独立结合实训车辆填写学习情况检查表（表 2－35），以检测自己对任务 3 的掌握情况。

表 2－35　学习情况检查表

	下列说法正确的画“√”，错误的画“×”	
1	拆卸飞轮时，飞轮紧固螺栓要按对角拧松	
2	曲轴后油封是塑料做成的	
3	飞轮是用来贮存作功行程的能量，用于克服进气、压缩和排气行程的阻力和其他阻力，使曲轴能均匀地旋转	
4	曲轴油封起到防止机体内的发动机润滑油外溢的作用，同时也防止水（汽）与灰尘进入机体内的作用	
5	安装曲轴后油封至曲轴后油封座时不用涂密封胶	
6	安装曲轴后油封座总成时，要在其周围及后端盖与气缸体结合面上涂上密封胶，并在后端盖密封圈唇部涂上润滑脂	
7	安装飞轮时紧固螺栓要对角拧紧	
8	拆卸曲轴后油封时要先将曲轴后油封座总成一起拆下后再用专用工具拆卸	
9	安装曲轴后油封至曲轴后油封座时要在曲轴后油封上涂上密封胶，将油封敲入后端盖中，使油封端面和后端盖端面平齐	
10	拆卸曲轴后油封座时，要用橡胶锤向外用力敲击后油封座至其松脱	

2. 指导教师评估

指导老师在整个教学过程中，关注每个活动小组的工作过程以及小组成员的动手能力，并对小组成员的动手能力进行考核，如表 2－36 所示。

表 2－36　指导教师评估表

	考核量化指标	分值(总分)	学生得分
1	能够完成飞轮的拆卸	10	
2	能够完成曲轴后油封座的拆卸	10	
3	能够完成曲轴后油封的拆卸	10	
4	能够完成曲轴后油封的安装	10	
5	能够完成密封胶的涂抹	10	
6	能够完成润滑脂的涂抹	10	
7	能够完成曲轴后油封座的安装	10	
8	能够完成飞轮的安装	10	
9	能够完成拆装前的准备工作	10	
10	能够完成拆卸曲轴后油封专用工具的正确使用	10	
总计			

学习情境 3　配气机构故障诊断与维修

学习目标

	1. 能够诊断并排除配气机构的机械故障； 2. 能够完成正时皮带的更换； 3. 能够完成凸轮轴的拆卸和安装； 4. 能够完成液压挺柱的更换； 5. 能够完成液压挺柱磨损程度的检查； 6. 能够完成气缸盖的拆卸和安装； 7. 能够完成气门的拆卸和安装； 8. 能够完成气门油封的更换； 9. 能够完成气门及燃烧室积炭的清洗； 10. 能够完成气门研磨及气门密封性的检测

情境导入

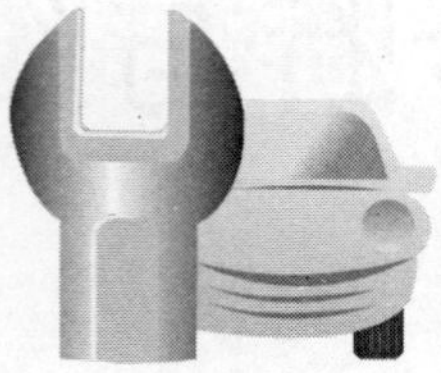	**车　　型：**大众桑塔纳时代超人，AJR 发动机； **行驶里程：**25 万 km； **出厂时间：**2005 年 6 月。 **故障现象：** 　　客户反映车辆有时起动困难、怠速不稳、加速不畅、燃油消耗大，加速时排气管冒蓝烟同时伴有黑烟。 **故障分析：** 　　车辆冒蓝烟说明车辆有烧发动机润滑油状况，即有发动机润滑油串入燃烧室燃烧；冒黑烟说明发动机燃烧不好，“黑烟”实际是未燃烧完全的混合气形成的碳颗粒等混合物。经询问车主得知，该车两个月前更换过活塞环、轴瓦等活塞连杆组件，故分析烧发动机润滑油应该不是活塞环等活塞连杆组件引起的，很可能是气门油封损坏导致发动机润滑油渗入燃烧室，而且该车辆已行驶的里程数较多，气门油封很容易老化，渗漏的发动机润滑油很容易导致在气门及周围形成积炭等沉积物，造成车辆油耗增大，加速不顺。拆下火花塞，用内窥镜查看燃烧室状况，发现气门上及燃烧室有大量积炭，这样每次喷入汽缸的燃油就会有一部分被附着在气门上的积炭吸附，使得真正进入汽缸的混合气浓度变稀，产生车辆起动困难、怠速不稳等症状，甚至气门密封不良，导致压缩压力不够、功率下降。经检查还发现，该车的正时皮带也已老化严重，必须更换，故针对该车，必须对配气机构进行检测与维修

任务　配气机构的检测与维修

任务描述

一、学习目标

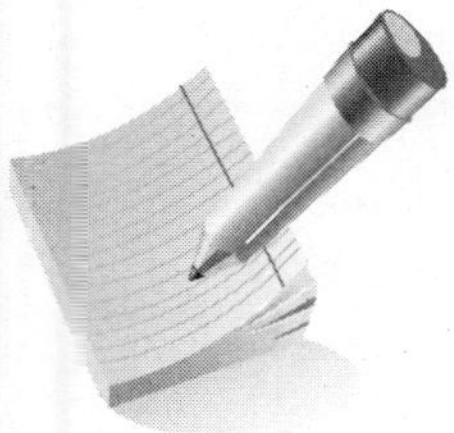	1. 能够完成正时皮带的更换； 2. 能够完成凸轮轴的拆卸和安装； 3. 能够完成液压挺柱的更换； 4. 能够完成液压挺柱磨损程度的检查； 5. 能够完成气缸盖的拆卸和安装； 6. 能够完成气门的拆卸和安装； 7. 能够完成气门油封的更换； 8. 能够完成气门及燃烧室积炭的清洗； 9. 能够完成气门研磨及气门密封性的检测； 10. 能够诊断并排除配气机构的机械故障

二、学习内容

	1. 正时皮带的更换及配气正时的调整； 2. 凸轮轴的拆卸和安装； 3. 液压挺柱的更换； 4. 液压挺柱磨损程度的检查； 5. 气缸盖的拆卸和安装； 6. 气门的拆卸和安装； 7. 气门油封的更换； 8. 气门及燃烧室积炭的清洗； 9. 气门研磨及气门密封性的检测

项目1　更换正时皮带

一、知识链接

1. 配气机构的组成

配气机构由凸轮轴、凸轮轴正时齿形带轮、曲轴正时齿形带轮、正时皮带、液压挺柱和气门组件等组成。大众桑塔纳时代超人配气机构的组成，如图 3－1 所示。

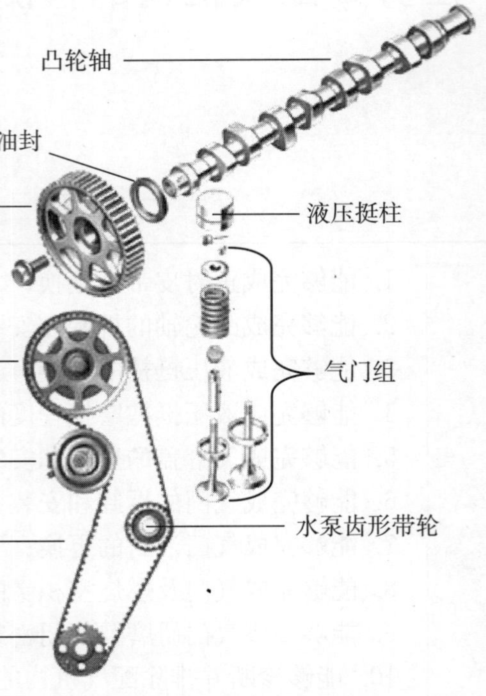

图 3－1　大众桑塔纳时代超人配气机构

2. 配气机构的功用及工作过程

配气机构的功用是根据发动机每个气缸内所进行的工作循环和点火次序的要求，准时开启和关闭气缸的进、排气门，使新鲜可燃混合气（汽油机）或空气（柴油机）得以及时进入气缸，废气得以及时从气缸排出。

气门打开：由曲轴通过正时皮带驱动凸轮轴旋转，使凸轮轴上的凸轮通过液压挺住挺柱向下推开气门，同时使弹簧进一步压缩。

气门关闭：当凸轮顶点转过液压挺柱以后，气门在其弹簧张力的作用下，开度逐渐减小，直至最后关闭，进气或排气过程即告结束。压缩和作功行程中，气门在弹簧张力作用下严密关闭，使气缸密闭。

3. 正时皮带

正时皮带起到承上启下的作用，上部连接是发动机气缸盖的正时带轮、下部连接是曲轴正时带轮。汽车发动机工作过程中，在汽缸内不断发生进气、压缩、爆炸、排气四个过程，并且每个步骤的时机都要与活塞的运动状态和位置相配合，使进气与排气及活塞升降相互协调起来。正时皮带的正确安装，保证了进排气凸轮轴与曲轴的相对位置，也就保证了进排气门的开闭时刻与活塞位置的正确性，正时皮带的“正时”，实际指的是“配气正时”。配气正时不正确，将严重影响车辆的运转及启动。如图 3－2 所示，正时皮带具有技术成熟，成本较低，噪音较小等优点。

4. 更换正时皮带方法

正时皮带一般的更换周期为 6 万～8 万 km，更换时一般都和张紧轮同时更换。

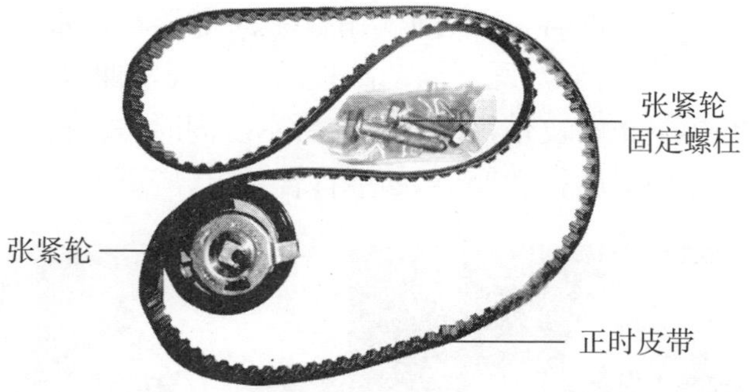

图 3-2　正时皮带及张紧轮

1）检查

目视检查正时皮带外观是否已磨蚀、出现纤维断裂、裂纹、裂缝等，如出现以上状况必须更换正时皮带。检查齿形带的张紧力应符合技术要求，即用手捏住凸轮轴齿带轮和曲轴齿带轮中间的齿形带用力翻转时，齿带刚好转过 90°，如图 3-3 所示，如不符合要求，必须更换张紧轮及皮带。

图 3-3　检查正时皮带张紧度

2）拆卸

转动曲轴，将 1 号气缸设置在上止点位置，如图 3-4 所示。拆下齿形皮带上防护罩，看凸轮轴正时带轮上的标记是否对准正时皮带防护罩上的标记，如果没有对准，则继续旋转曲轴一周（360°），直至对准为止，如图 3-5 所示。拆卸前应确保曲轴正时标记和凸轮轴正时标记同时对准。

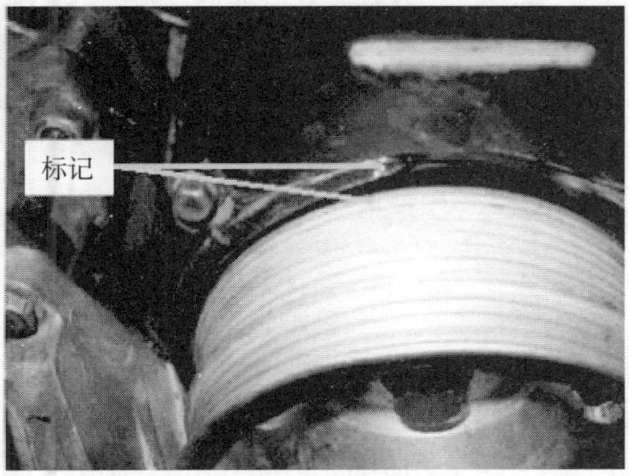

图 3-4　曲轴标记

图 3-5　凸轮轴标记

拆下曲轴皮带轮(可两名同学配合,一名同学用扳手固定凸轮轴带轮,另一名同学拆卸曲轴皮带轮;也可以采用变速器挂入某一挡位,踩下制动踏板的方法固定曲轴),拆下正时皮带中间防护罩及下防护罩,松开张紧轮并拆下正时皮带,如图 3-6 所示。同时,检查曲轴正时带轮和凸轮轴正时带轮的齿轮齿顶和齿根,有无明显磨损和变形,如不符合要求,应更换。

图 3-6 拆卸正时皮带

3) 安装

安装时要保持双手干净,严禁将水、油等粘附到皮带上,否则容易出现跳齿现象,破坏配气正时,影响发动机的正常运转。顺时针转动凸轮轴(注意此时曲轴不应在上止点的位置,以免损坏气门或活塞),将凸轮轴上正时带轮上标记对准防护罩上的标记,如图 3-5 所示。装上新的张紧器,但不要拧紧固定螺栓,注意张紧轮的定位块必须嵌入气缸盖上的缺口处。将正时皮带安装到曲轴正时带轮上,如图 3-7 所示。套上正时皮带下护罩,要确保正时皮带与曲轴正时带轮正确接触。安装正时皮带下护罩,安装时注意不要松开正时皮带,如图 3-8 所示,否则不能保证正时皮带和带轮的正确接触。

图 3-7 安装正时皮带至曲轴正时带轮

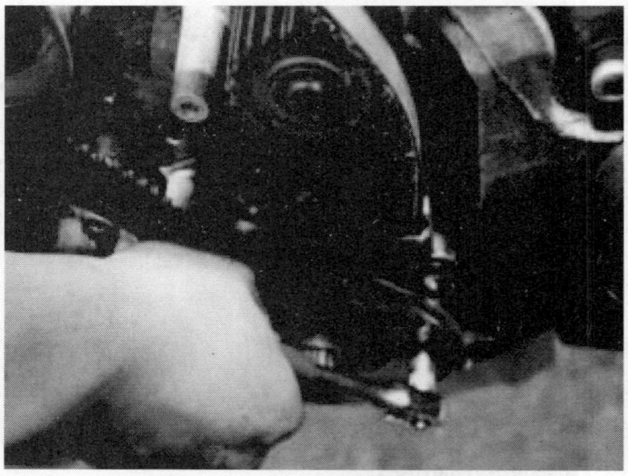

图 3-8 保持皮带不松旷

安装曲轴皮带轮,对准定位孔,拧紧螺栓至标准力矩。顺时针转动曲轴,使曲轴皮带轮上的标记与下护罩上的标记对准,注意转动曲轴时用手抓紧正时皮带,保持正时皮带与齿轮正确接触,否则正时皮带松脱受到挤压,容易损坏正时皮带。将正时皮带安装至曲轴正时带轮和冷却液泵上,并将正时皮带安装到张紧轮和凸轮轴正时带轮上。最后拧紧张紧器,用专用扳手或卡簧钳,配合套筒扳手使用，如图3－9所示。套筒扳手拧紧张紧轮紧固螺栓，再用扭力扳手拧紧至标准力矩。装配好后，应检查正时皮带的张进度应符合规定要求。装上正时皮带中间护罩。最后在转动曲轴一致两圈，确认曲轴能自由转动、无干涉。

图3－9　拧紧张紧器

二、制定方案

根据情境导入中的案例，需要对正时皮带进行更换。教师在组织教学的过程中，根据大众桑塔纳时代超人正时皮带更换方案，让学生从实训中掌握正时皮带的更换方法，如表3－1所示。

表3－1　大众桑塔纳时代超人正时皮带更换方案表

	大众桑塔纳时代超人正时皮带更换方案	
车辆信息描述	车辆描述	大众桑塔纳时代超人，AJR发动机，行驶里程25万km，出厂时间：2005年6月
	故障现象	正时皮带有裂纹
设备、工具/耗材	AJR发动机台架一台（含正时皮带等附件），常用工具，卡簧钳，套筒扳手，扭力扳手	
安全要求及注意事项	1. 检查正时皮带磨损程度时，要注意检查皮带有无裂纹、裂缝的同时，还要注意正时皮带的保养周期，如果正时皮带没有明显裂纹但已到或超过了保养周期，也必须更换正时皮带； 2. 拆卸正时皮带前要对准凸轮轴和曲轴正时标记； 3. 拆卸曲轴皮带轮时要注意防止曲轴转动（可两名同学配合，一名同学用扳手固定凸轮轴带轮，另一名同学拆卸曲轴皮带轮；也可以采用变速器挂入某一挡位，踩下制动踏板的方法固定曲轴）； 4. 安装正时皮带时要保持双手干净，严禁将水、油等粘附到皮带上； 5. 安装时凸轮轴正时标记会有错位，需要从新对正，要缓慢顺时针转动凸轮轴正时带轮固定螺栓，但一定要注意此时曲轴不应在上止点的位置，以免损坏气门或活塞； 6. 将正时皮带套在曲轴正时带轮上时，注意不要松开皮带，要保持正时皮带与齿轮正确接触； 7. 安装时对正曲轴正时标记时，转动曲轴时，注意用手抓紧正时皮带，保持正时皮带与齿轮正确接触； 8. 拧紧张紧轮时，注意用专用扳手或卡簧钳，配合套筒扳手使用，否则正时皮带的挠度会发生变化	

（续表）

	大众桑塔纳时代超人正时皮带更换方案
工作步骤	1. 检查正时皮带的磨损程度及张紧轮的张紧程度； 2. 对准曲轴皮带轮正时标记； 3. 对准凸轮轴正时带轮正时标记； 4. 拆卸正时皮带上护罩； 5. 拆下曲轴皮带轮； 6. 拆下正时皮带中间护罩及下护罩； 7. 拆下张紧轮及正时皮带； 8. 安装张紧轮及正时皮带； 9. 安装曲轴皮带轮； 10. 安装正时皮带下护罩及中间护罩

教师对学生进行分组，每组选出一个小组长，小组长根据小组成员任务分工不同，确定不同任务的责任人。小组成员任务的划分可以参考下面的小组任务分配表，如表 3－2 所示。

表 3－2　小组任务分配表

	小组任务	个人职责（任务）	小组成员
1	任务前期准备工作	准备该任务的设备、工具、耗材	
2	对正曲轴和凸轮轴正时标记	转动曲轴对正曲轴正时标记，拆下正时皮带上护罩，再对正凸轮轴正时标记	
3	检查正时皮带磨损程度及张紧器张紧度	目视正时皮带有无裂纹裂缝等，用手捏住凸轮轴齿带轮和曲轴齿带轮中间的齿形带用力翻转时，齿带刚好转过 90°	
4	拆卸正时皮带	拆下曲轴皮带轮，拆卸正时皮带中、下护罩，拆下张紧轮及正时皮带	
5	安装正时皮带	对准凸轮轴正时标记，再对准曲轴正时标记，安装正时皮带及张紧轮，紧固张紧轮，安装曲轴皮带轮，安装正时皮带护罩	

实训中如果没有该车型，可以参考大众桑塔纳时代超人正时皮带更换方案和维修手册，制定该车型正时皮带更换方案，如表 3－3 所示。

表 3－3　正时皮带更换方案表

	________乘用车正时皮带更换方案	
车辆信息描述	车辆描述	
	故障现象	
设备/工具/耗材		

（续表）

	________乘用车正时皮带更换方案
安全要求及注意事项	
工作步骤	

三、实施

依据制定方案实施，并填写项目单，如表 3－4 所示。

表 3－4　实训结果项目表

正时皮带是否有裂纹？		安装时怎样对正凸轮轴正时标记？	
正时皮带的安装位置及皮带的缠绕形式		正时皮带张进度是否符合要求？	
曲轴正时标记位置		张紧轮的安装方法	
凸轮轴正时标记位置		正时皮带的安装方法	
拆下曲轴皮带轮方法		张紧轮紧固螺栓拧紧力矩	
拆卸正时皮带时怎样对正凸轮轴正时标记？		曲轴皮带轮紧固螺栓拧紧力矩	

四、知识拓展

1. 链条传动

与驱动凸轮轴和曲轴一起运转的除了正时皮带外最常用的还有正时链条，如图 3－10 所示。链条的工作可靠、寿命长，但传动噪音大、润滑、维修较麻烦。

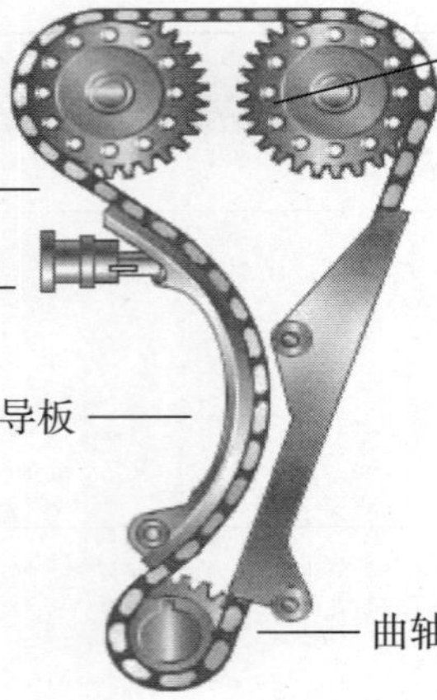

图 3-10　链条传动

正时链条上对准正时标记的链节一般涂有颜色，加以区分，如图 3-11 所示。拆装正时链条作业时要按照标准正确调整配气正时。

图 3-11　正时标记

2. 配气相位

用曲轴转角表示的进、排气门开闭时刻和开启持续时间，称为配气相位。进、排气门的开闭时刻称为配气正时。配气相位的内容包括：进气提前角、进气滞后角、排气提前角、排气滞后角，如图 3-12 所示。

1）进气提前角

进气提前角是指在排气冲程接近终了，活塞到达上止点之前，进气门便开始开启，即从进气门开始开启到上止点所对应的曲轴转角称为进气提前角，用 α 表示，α 一般为 10°～30°。进气提前的目的是进气门早开，使得活塞到达上止点开始向下运动时，因进气门已有一定开度，所以可较快地获得较大的进气通道截面，减少进气阻力。

2）进气滞后角

在进气冲程下止点过后，活塞又上行一段，进气门才关闭，即从下止点到进气门关闭所对应的曲轴转角称为进气迟后角，用 β 表示，β 一般为 40°～80°。进气滞后的目的是到下止点时，由于进气

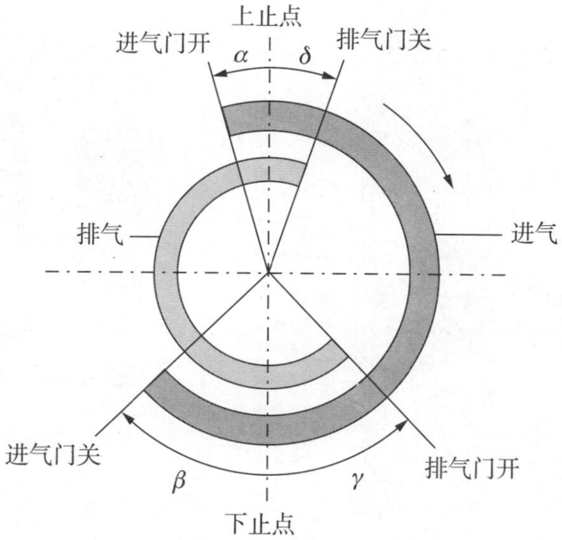

图 3-12　配气相位

阻力的影响，缸内的压力仍低于大气压，利用缸内外的压差继续进气；利用气流的惯性继续进气。过下止点后随活塞上行，缸内压力渐大，气流流速减小至零时进气门关闭最佳。

3）排气提前角

在作功行程的后期，活塞到达下止点前，排气门便开始开启，即从排气门开始开启到下止点所对应的曲轴转角称为排气提前角，用 γ 表示，γ 一般为 40°～80°。排气提前的目的是一定的残余压力，做功意义已不大，利用此压力使废气自由排出；废气的提前排出也可使排气行程消耗的功率减少；高温废气的早排，还可以防止发动机过热。

4）排气滞后角

在活塞越过上止点后，排气门才关闭，从上止点到排气门关闭所对应的曲轴转角称为排气迟后角，用 δ 表示，δ 一般为 10°～30°。排气滞后的目的是到达上止点时，缸内压力仍高于大气压，利用缸内外压力差继续排气；活塞到达上止点时，废气流还有一定的惯性，仍能继续排气。所以可利用气流惯性继续排气。

项目2　更换液压挺柱

一、知识链接

1. 液压挺柱

1）功用

液压挺柱用于将来自凸轮轴的运动和作用力传递给气门组件，能自动消除气门及传动机构的间隙，减小了各零件的冲击和噪声，而且凸轮轮廓可设计得比较陡一些，气门开启和关闭更快，以减小进排气阻力，改善发动机的换气，提高发动机的性能，特别是高速性能。不需要调整气门间隙，使用维护方便。

2）组成

液压挺柱由挺杆体、液压缸、柱塞、补偿弹簧和球阀等组成，如图 3-13 所示。

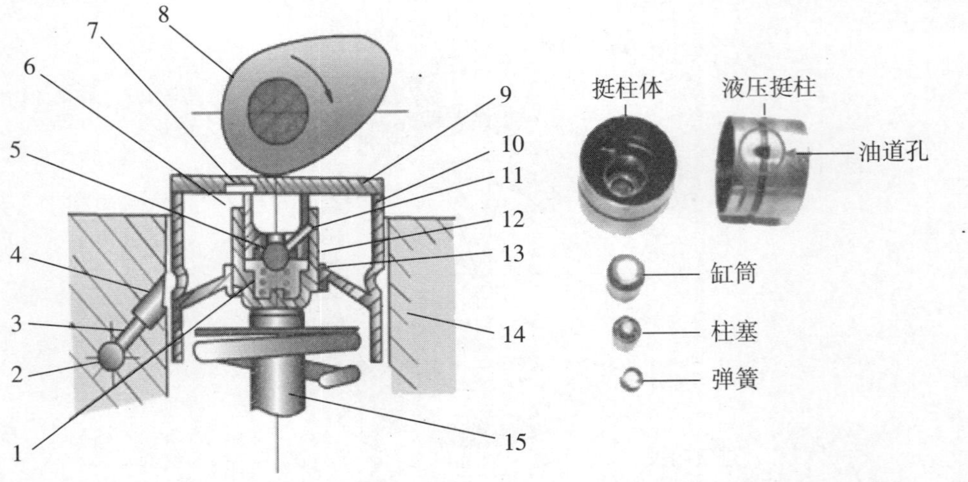

1-高压油腔；2-油道；3-量油孔；4-斜油孔；5-球阀；6-低压油腔；7-键形槽；8-凸轮轴；9-挺杆体；10-挺杆体焊缝；11-柱塞；12-油缸；13-补偿弹簧；14-汽缸盖；15-气门杆

图 3-13　液压挺柱

3）工作过程

凸轮轴上的偏心凸轮随凸轮轴的转动驱动液压挺柱，当凸轮尖头与液压挺柱接触时，挺柱体下移，高、低压油腔被隔开，整个挺杆下移，推开气门，如图 3-14 所示。挺柱体上行时，球阀处于关闭状态，整个挺杆上升，直至凸轮处于基圆位置，气门关闭；此时，润滑油进入低压油腔；补偿弹簧推动柱塞上行；压力油顶开球阀进入高压油腔，两腔相通充满润滑油，这时挺杆顶面与凸轮紧贴，如图 3-15 所示。

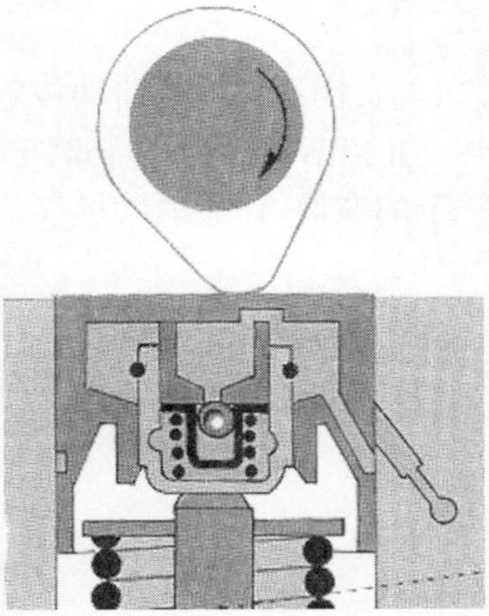

图 3-14　气门打开

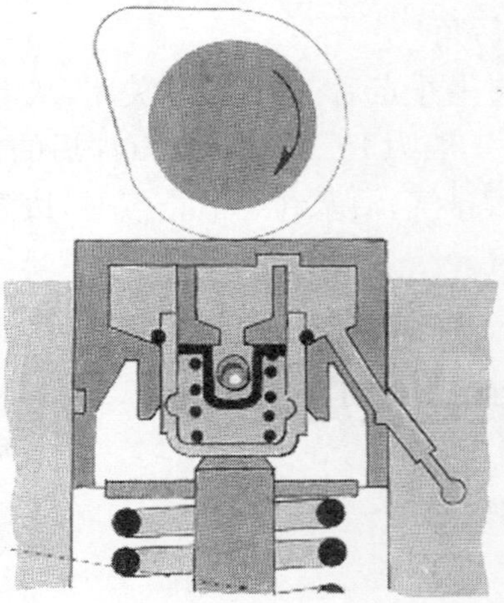

图 3-15　气门关闭

2. 凸轮轴

用于控制气门的开启和关闭，保证气门有足够的升程，每一个进、排气门分别有相应的进气凸轮和排气凸轮。凸轮的形状影响气门的开闭时刻及高度，凸轮的排列影响气门的开闭时刻和工作顺序。凸轮轴主要由凸轮、凸轮轴轴颈等组成，如图 3-16 所示。凸轮轴的布置形式有下置式、中置式和顶置式，其中顶置式的应用最为广泛。

3. 液压挺柱的磨损检查

液压挺柱是不可拆解的组件，磨损后无法调整，只能更换。以1缸磨损检查为例，将1缸活塞摇到上止点位置，用塞尺测量凸轮和桶形挺筒的间隙，如图3-17所示。测量间隙值大于0.2 mm，则更换液压挺柱。

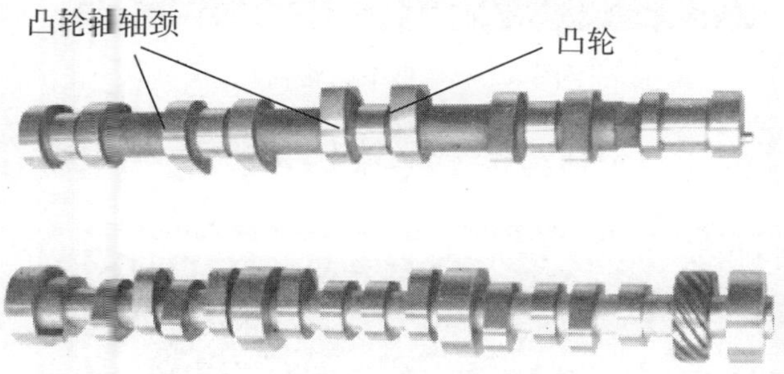

图3-16　凸轮轴

图3-17　液压挺柱的磨损检查

4. 液压挺柱的更换方法

1）拆卸

拆下正时皮带上护罩，拆下气门室罩紧固螺母注意按对角拧松原则拧松，拆下气门室罩总成。用活动扳手缓慢转动进气凸轮轴的六角部分。将副齿轮上的小孔转上来，如图3-18所示。拆下1号轴承盖上的两个螺栓，取下1号轴承盖。用M6×20螺栓固定副齿轮，按照由两边向中间的拆卸顺序，分2～3次均匀地拧松其余4个轴承盖上的螺栓，如图3-19所示，取下4个轴承盖，拆下进气凸轮轴。

图3-18　转出小孔

图3-19　均匀拧松螺栓

用活动扳手缓慢转动排气凸轮轴的六角部分，使定位销位于凸轮轴垂直中心线偏左的位置，如图3-20所示。拧松1号轴承盖紧固螺栓，拆下1号轴承盖，并拆下凸轮轴油封。按照由两边向中间的拆卸顺序，分2～3次均匀的拧松其余4个轴承盖上的螺栓，取下4个轴承盖，拆下排气凸轮轴，如图3-21所示。

图 3-20　调整定位销位置

图 3-21　拆下凸轮轴

用吸棒或带有磁性的螺丝刀分别取下进、排气门的液压挺柱，摆放在盛具内，如图 3-22 所示。

图 3-22　取下液压挺柱

2）安装

将各进、排气门挺柱涂抹发动机润滑油后放入相应的气门挺柱孔内，如图 3-23 所示。安装凸轮轴，确认第一缸凸轮必须朝上，不顶气门。安装凸轮轴轴承盖，注意孔的上下两半部要对准，先对角交替拧紧 4、2 号轴承盖，然后再交替拧紧 5、3、1 号轴承盖，拧紧力矩为 20 N · m，如图 3-24 所示。最后，安装凸轮轴油封、气门室罩总成和正时皮带上护罩。

图 3-23　安装液压挺柱

图 3-24　拧紧螺栓

二、制定方案

根据情境导入中的案例，需要对液压挺柱进行更换。教师在组织教学的过程中，根据大众桑塔纳时代超人液压挺柱更换方案，让学生从实训中掌握液压挺柱的更换方法，如表3-5所示。

表3-5　大众桑塔纳时代超人液压挺柱更换方案表

<table>
<tr><td></td><td colspan="2">大众桑塔纳时代超人液压挺柱更换方案</td></tr>
<tr><td rowspan="2">车辆信息描述</td><td>车辆描述</td><td>大众桑塔纳时代超人，AJR发动机，行驶里程25万km，出厂时间：2005年6月</td></tr>
<tr><td>故障现象</td><td>车辆有时起动困难，怠速不稳，加速不畅，燃油消耗大，加速时排气管冒蓝烟同时伴有黑烟</td></tr>
<tr><td>设备/工具/耗材</td><td colspan="2">AJR发动机及翻转架一台（含气缸盖），常用工具，套筒扳手，扭力扳手，吸力棒，活动扳手，塞尺，发动机润滑油及托盘</td></tr>
<tr><td>安全要求及注意事项</td><td colspan="2">1. 检查液压挺柱的磨损程度时，注意将该缸活塞转到上止点位置，保证气门关闭；
2. 拆卸气门室罩紧固螺栓时要注意按对角顺序从两边到中间的顺序拧松；
3. 拆卸进气凸轮轴时注意用活动扳手缓慢转动进气凸轮轴的六角部分，将副齿轮上的小孔转至竖直位置；
4. 拆卸排气凸轮轴时注意用活动扳手缓慢转动排气凸轮轴的六角部分，使定位销位于凸轮轴垂直中心线偏左的位置；
5. 拆卸凸轮轴轴承盖时注意先拆下1号轴承盖，按照由两边向中间的拆卸顺序，分2～3次均匀地拧松其余4个轴承盖上的螺栓；
6. 安装液压挺柱时注意将液压挺柱上涂抹发动机润滑油后放入相应的气门挺柱孔内；
7. 安装凸轮轴时注意确认第一缸凸轮必须朝上，不顶气门；
8. 装凸轮轴轴承盖，注意孔的上下两半部要对准，先对角交替拧紧4、2号轴承盖，然后再交替拧紧5、3、1号轴承盖，拧紧力矩为20 N·m</td></tr>
<tr><td>工作步骤</td><td colspan="2">1. 拆卸气门室罩总成；
2. 检查液压挺柱的磨损程度；
3. 拆卸进气凸轮轴；
4. 拆卸排气凸轮轴；
5. 拆卸液压挺柱；
6. 安装液压挺柱；
7. 安装进气凸轮轴；
8. 安装排气凸轮轴；
9. 安装气门室罩总成</td></tr>
</table>

教师对学生进行分组，每组选出一个小组长，小组长根据小组成员任务分工不同，确定不同任务的责任人。小组成员任务的划分可以参考下面的小组任务分配表，如表3-6所示。

表 3-6　小组任务分配表

	小组任务	个人职责(任务)	小组成员
1	任务前期准备工作	准备该任务的设备、工具、耗材	
2	检查液压挺柱的磨损程度	拆下气门室罩总成,将1缸活塞摇到上止点位置,用塞尺测量凸轮和桶形挺筒的间隙	
3	拆下液压挺柱	拆下进气凸轮轴,拆下排气凸轮轴,拆下液压挺柱	
4	安装液压挺柱	安装液压挺柱,安装进气凸轮轴,安装排气凸轮轴,安装凸轮轴油封、气门室罩总成、正时皮带上护罩表	

实训中如果没有该车型,可以参考大众桑塔纳时代超人液压挺柱更换方案和维修手册,制定该车型液压挺柱更换方案,如表 3-7 所示。

表 3-7　液压挺柱更换方案表

	______乘用车液压挺柱更换方案	
车辆信息描述	车辆描述	
	故障现象	
设备/工具/耗材		
安全要求及注意事项		
工作步骤		

三、实施

依据制定方案实施,并填写项目单,如表 3-8 所示。

表3-8　实训结果项目表

液压挺柱的安装位置		凸轮轴轴承盖的安装顺序	
液压挺柱是否磨损过度		凸轮轴轴承盖紧固螺栓拧紧力矩	
凸轮轴轴承盖的拆卸顺序		气门室盖紧固螺栓拧紧力矩	

项目3　更换气门油封

一、知识链接

1. 气门组件

气门组件由气门锁片、气门弹簧上座、气门油封、气门弹簧、气门弹簧下座和气门组成，如图3-25所示。

1) 气门

气门是燃烧室的组成部分，是气体进、出燃烧室通道的开关，承受冲击力、高温冲击和高速气流的冲击。气门由头部和杆部组成，如图3-26所示。气门头部与气门座接触的部位设计成锥面，便于气门落座时自行对正中心，接触良好。杆部的尾端设有凹槽，用于定位锁片。多数发动机都采用四气门结构，即两个进气门、两个排气门，一般进气门比排气门稍大，也有两气门、三气门、五气门发动机，但应用较少。

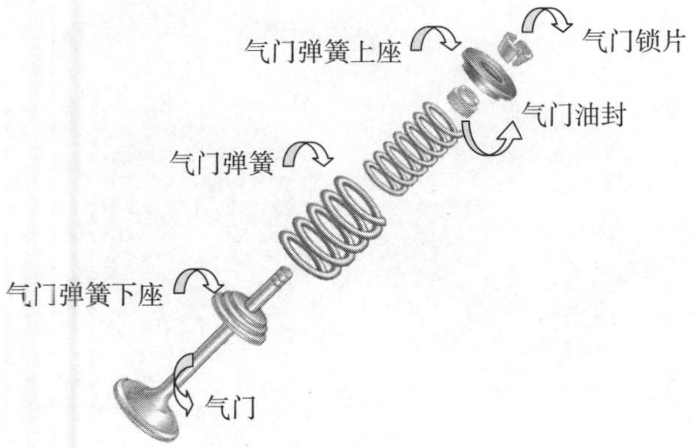

图3-25　气门组件

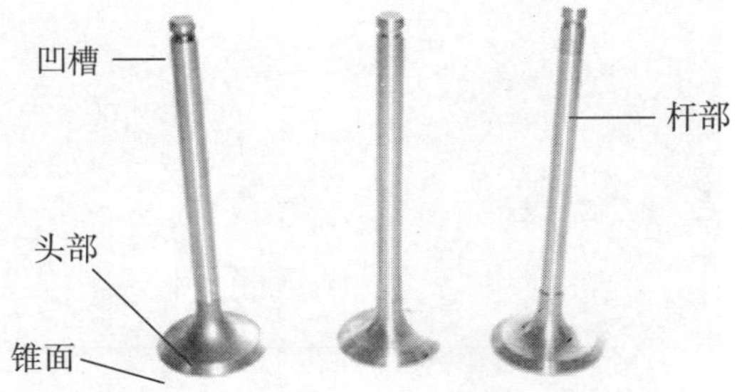

图3-26　气门构造

2) 气门油封

气门油封用于发动机气门导杆的密封，可以防止发动机润滑油进入进排气管，造成发动机润滑油流失，防止汽油与空气的混合气体以及排放废气泄漏，防止发动机润滑油进入燃烧室。气门油封是发动机气门组的重要零件之一，在高温下与汽油和发动机润滑油相接触，因此需要采用耐热性和耐油性优良的材料，一般为氟橡胶制作，如图3-27所示。由于气门油封工作环境恶劣，随着车辆行驶里程的增加，气门油封也会老化、磨损泄露，导致车辆加速乏力或烧发动机润滑油。

图 3 - 27　气门油封

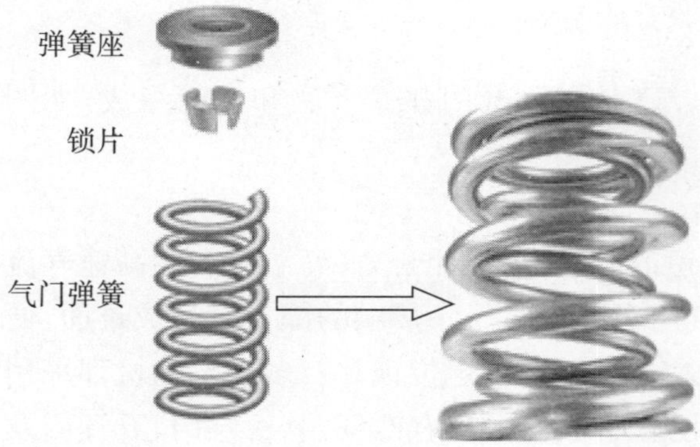

图 3 - 28　气门弹簧组件

3）气门弹簧

气门弹簧使气门复位并与气门座压紧，同时使气门传动组零件紧密连接，防止因惯性力分离而产生异响。气门弹簧由锁片和气门弹簧座固定在气门和缸盖间，如图 3 - 28 所示。

2. 气门油封的检查

目视气门油封是否老化漏油，一般老化的气门油封孔径变大硬化，没有密封性，新气门油封孔径小，密封性好，如图 3 - 29 所示。

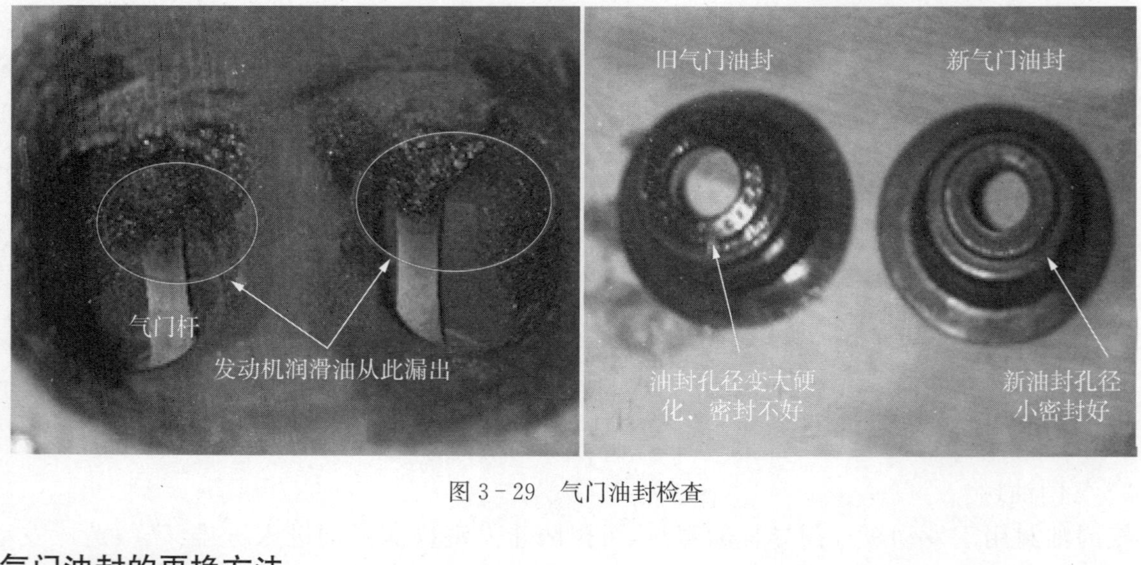

图 3 - 29　气门油封检查

3. 气门油封的更换方法

1）拆卸

拆下气缸盖，按照由两边向中间对角的拆卸顺序，分三次均匀地拧松 10 个气缸盖螺栓，如图 3 - 30 所示，再拆去 10 个气缸盖螺栓和垫片。由于气缸盖螺栓在装配拧紧时被拉伸过，所以气缸盖螺栓在拆下后必须更换新螺栓和垫片。

拆下气缸盖螺栓后，气缸盖和气缸体仍可能接合的比较紧，可以用大的一字螺丝刀在气缸体和气缸盖之间的间隙处插入一字螺丝刀，撬起气缸盖，如图 3-31 所示，拆下气缸盖和气缸垫。

图 3-30　拆卸气缸盖螺栓

图 3-31　撬起气缸盖

用黄漆在气门上做好标记，用气门弹簧压缩工具压缩气门弹簧，将气门弹簧上座压缩至气门杆锁片槽下，如图 3-32 所示。用吸棒或带磁性的螺丝刀吸出锁片，如图 3-33 所示。

图 3-32　压缩气门弹簧

图 3-33　吸出锁片

取下气门压缩工具，取出气门弹簧上座、气门弹簧，推出气门，将拆下的各缸进排气门、气门弹簧、弹簧上座和锁片按顺序摆放好，如图 3-34 所示。用尖嘴钳拆下各缸进、排气门油封，如图 3-35 所示。用吹气枪吹动各气门弹簧下垫圈，用吸棒，依次吸出各气门弹簧座下垫圈。

图 3-34　摆放气门组件

图 3-35　取出气门油封

2）安装

安装气门油封，用尖嘴钳轻轻夹住气门油封，浸入发动机润滑油内，将气门油封套在气门导管上，将 11 mm 套筒套在气门油封上，用榔头轻轻敲到位，如图 3－36 所示，按照上述方法安装所有气门油封。

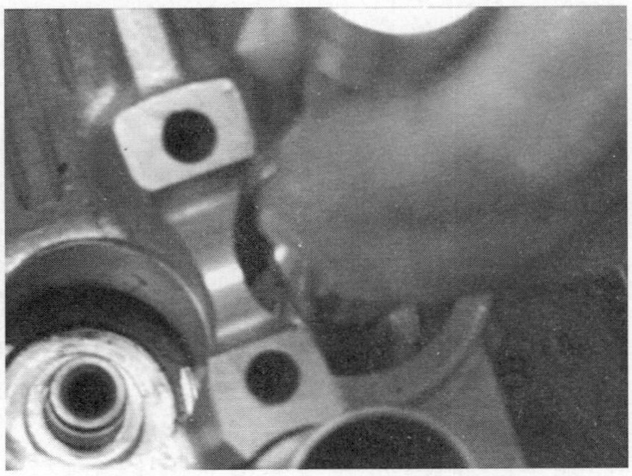

图 3－36　安装气门油封

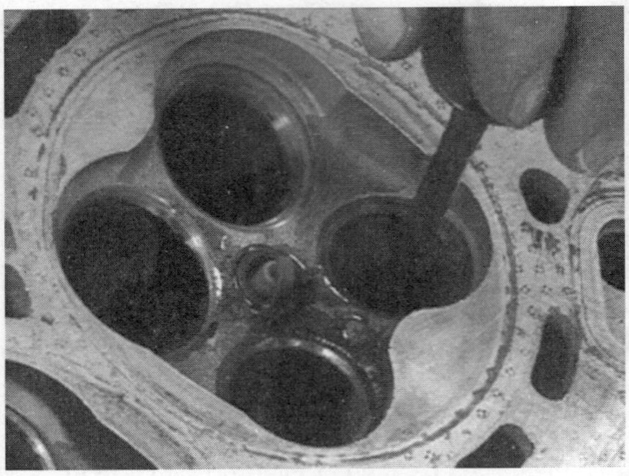

图 3－37　安装气门

安装气门，在气门杆上涂上发动机润滑油，将气门推入气门导管中，使气门和气门座贴合，如图 3－37 所示。安装气门弹簧下垫片，将气门弹簧、气门弹簧上座装在气门杆上，如图 3－38 所示。用气门弹簧压缩工具，压缩气门弹簧，使气门弹簧上座压缩至气门杆锁片槽下，在气门锁片上涂上润滑脂，利用润滑脂的黏性用一字螺丝刀粘住气门弹簧锁片，如图 3－39 所示。将气门弹簧锁片放入锁片槽内，拧松气门弹簧压缩工具，气门安装完毕，用同样的方法安装其他进、排气门。

图 3－38　安装气门弹簧下垫片

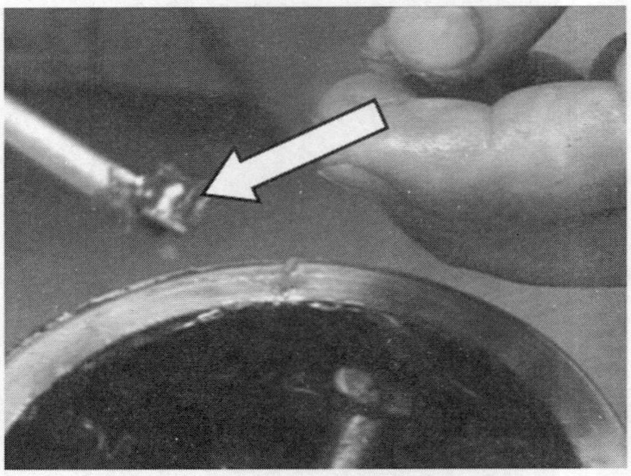

图 3－39　涂润滑脂

图 3－40　拧紧螺栓

安装气缸盖垫，注意安装位置，以免堵住水道或油道。安装气缸盖和新的气缸盖紧固螺栓，用可调扭力扳手和10 mm 梅花套筒，由中间向两边对角的顺序，拧紧 10 个气缸盖螺栓，拧紧扭矩为29 N·m，如图 3－40 所示，再按照由中间向两边对角的顺序，分两次将气缸盖螺栓扭转 180°。

二、制定方案

根据情境导入中的案例，需要对气门油封进行更换。教师在组织教学的过程中，根据大众桑塔纳时代超人气门油封更换方案，让学生从实训中掌握气门油封的更换方法，如表 3－9 所示。

表 3－9　大众桑塔纳时代超人气门油封更换方案表

	大众桑塔纳时代超人气门油封更换方案	
车辆信息描述	车辆描述	大众桑塔纳时代超人，AJR 发动机，行驶里程 25 万 km，出厂时间：2005 年 6 月
	故障现象	车辆有时起动困难、怠速不稳、加速不畅、燃油消耗大，加速时排气管冒蓝烟同时伴有黑烟
设备/工具/耗材	AJR 发动机及翻转架一台（含气缸盖），常用工具，套筒扳手，扭力扳手，吸力棒，气门弹簧压缩器，11 mm 套筒和锤子，大号一字螺丝刀，尖嘴钳，发动机润滑油及发动机润滑油壶，润滑脂	
安全要求及注意事项	1. 拆卸气缸盖时要注意拧松缸盖螺栓的顺序，按照由两边向中间对角的拆卸顺序，分三次均匀地拧松，用大一字螺丝刀撬气缸盖时注意不要损坏气缸盖、气缸垫、气缸体； 2. 检查气门油封时注意检查气门头部及油封处有无大量胶质积炭及油封的孔径大小； 3. 拆卸气门组件时，注意在气门上做好标记，按顺序摆放，以免安装时错装； 4. 安装气门油封时要将气门油封浸入发动机润滑油内润滑后再安装； 5. 安装气门时注意将气门杆上涂上发动机润滑油再安装； 6. 安装气缸垫时要注意安装位置，以免堵住水道或油道； 7. 安装气缸盖时注意缸盖螺栓的拧紧顺序要由中间向两边对角的顺序，拧紧 10 个气缸盖螺栓，拧紧扭矩为 29 N·m，再按照由中间向两边对角的顺序，分两次将气缸盖螺栓扭转 180°，而且在实际装配中要更换新的气缸盖螺栓	
工作步骤	1. 拆卸气缸盖； 2. 检查气门油封老化磨损程度； 3. 拆卸各缸进排气门、气门弹簧、弹簧座及锁片； 4. 拆卸气门油封； 5. 安装气门油封； 6. 安装气门； 7. 安装气门弹簧、弹簧座及锁片； 8. 安装气缸盖	

教师对学生进行分组，每组选出一个小组长，小组长根据小组成员任务分工不同，确定不同任务的责任人。小组成员任务的划分可以参考下面的小组任务分配表，如表 3－10 所示。

表 3－10　小组任务分配表

	小组任务	个人职责（任务）	小组成员
1	任务前期准备工作	准备该任务的设备、工具、耗材	
2	检查气门油封	目视检查气门头部及气门油封处大量胶质积炭及油封的孔径大小情况	
3	拆下气门油封	拆下气缸盖，拆下气门、气门弹簧、弹簧座及锁片，拆下气门油封	
4	安装气门油封	安装气门油封，安装气门，安装气门弹簧座、气门弹簧及锁片，安装气缸盖	

实训中如果没有该车型，可以参考大众桑塔纳时代超人气门油封更换方案和维修手册，制定该车型气门油封更换方案，如表 3－11 所示。

表 3－11 气门油封更换方案表

	________乘用车气门油封更换方案	
车辆信息描述	车辆描述	
	故障现象	
设备/工具/耗材		
安全要求及 注意事项		
工作步骤		

三、实施

依据制定方案实施，并填写项目单，如表 3－12 所示。

表 3－12 实训结果项目表

气缸盖紧固螺栓的拧松顺序		气门油封的安装方法	
气门的拆卸步骤		气门安装步骤	
气门油封的孔径是否已变大硬化？		气门锁片的安装方法	
气门油封的安装位置		气缸盖螺栓的拧紧顺序及步骤	

项目4　清洗积炭并研磨气门

一、知识链接

1. 积炭

积炭是燃料和润滑油的窜气混合不完全燃烧后产生的沉积物，润滑油的窜气中含有碳粒子，在窜气不完全燃烧时大量沉积，这些沉积物在喷嘴、进气门、燃烧室（气缸盖和活塞顶）等部位沉积就变成了坚硬的积炭，如图3－41所示。

2. 积炭的清洗方法

1）免拆清洗

对于积炭不是十分严重的车辆，可采用免拆清洗，即将燃油清洗剂和和燃油添加剂按比例混合后，放入清洗工具内，再将工具一端连接至供油管路，代替燃油泵工作，一端连接高压空气管，代替所需的燃油压力，这种清洗方式也被称为"吊瓶式清洗"。起动发动机，随着燃油清洗剂的流动，不仅能清洗掉燃油管路上的胶质和积炭，还可以自动清洗掉气门上和发动机气缸内的积炭，如图3－42所示。免拆清洗的另一种方式是向燃油箱内加燃油清洗清洁添加剂进行清洗。

图3－41　气门及燃烧室积炭

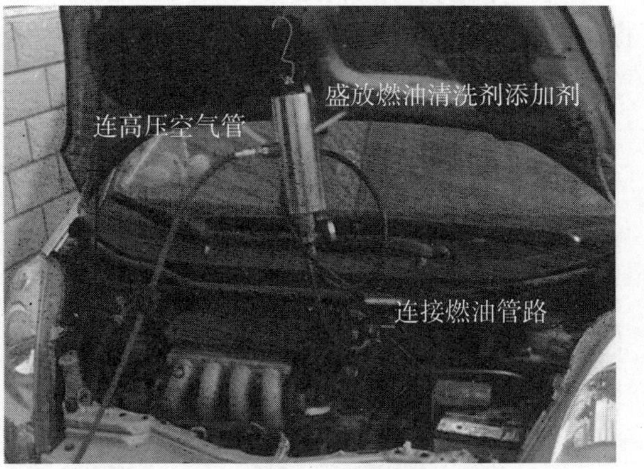

图3－42　免拆式清洗

2）拆解清洗

对于清洗气门及燃烧室内的坚硬顽固积炭，则需要拆解清洗。

（1）气门清洗

气门清洗可将气门拆下彻底清洗，气门顶部和倒角区表面上沉积物，可用金属丝刷除去，如图3－43所示，但应注意气门与气门座圈接触面以及气门杆不能用金属丝刷去刷，任何微小的擦伤，将导致零件毁坏。气门清除积炭的另一种方法，是在积炭清洗剂中浸泡，待软化后，用水冲去。气门清洗也可在车辆上半拆卸清洗，即拆下进气歧管及火花塞，从气缸盖的进气歧管口加入积炭清洗液浸泡，然后再用小刷子刷净吹干。

（2）气门导管及燃烧室清洗

燃烧室清洗必须拆下气缸盖清洗，否则无法彻底清洗干净。将气缸盖放在积炭清洗剂中浸泡，软化后用尼绒刷或者弹性刮刀及钢丝刷加以清理，如图 3－44 所示。很多企业也采用热浸泡法清洗。

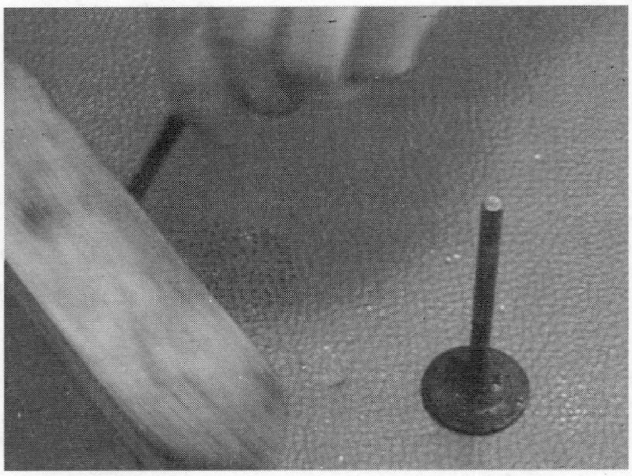

图 3－43　清洁气门顶部和倒角区

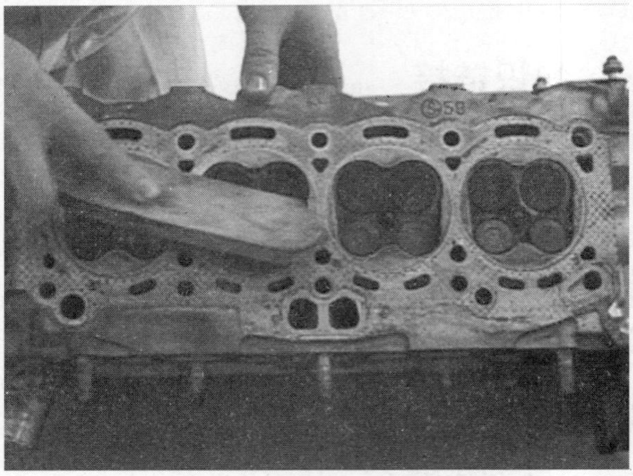

图 3－44　清洗气门导管及燃烧室

3. 气门研磨

研磨前应先用汽油清洗气门、气门座和气门导管。在气门工作锥面上涂上一层薄薄的粗研磨膏，如图 3－45 所示，同时在气门杆上涂以发动机润滑油，插入气门导管内。用带柄气门皮碗吸住气门将气门作往复和旋转运动与气门座进行研磨，如图 3－46 所示，注意旋转角度不宜过大，并不时地提起和转动气门，变换气门与座相对位置，以保证研磨均匀。当气门工作面与气门座工作面磨出一条较完整且无斑痕的接触环带时，可以将粗研磨膏洗去，换用细研磨膏，继续研磨。当工作面出现一条整齐的灰色的环带时，再洗去细研磨膏，涂上润滑油，继续研磨几分钟即可。再用汽油清洗气门和气门座，最后检测气门密封性，直至气缸盖进、排气管接口处没有渗漏为止，气门研磨结束。

图 3－45　涂抹粗研磨膏

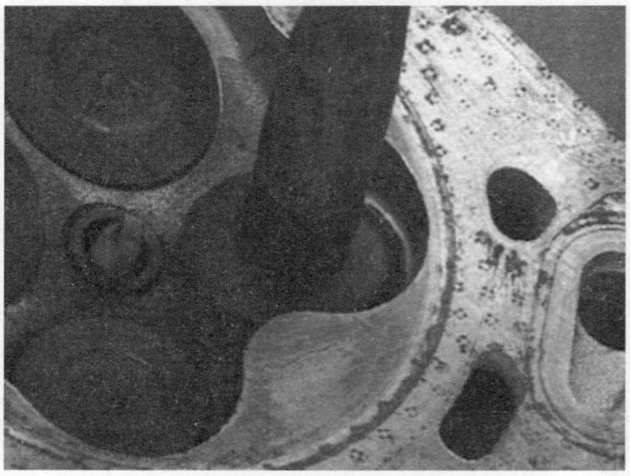

图 3－46　研磨气门

4. 气门密封性检测

安装检测气缸的进、排气门，使气门和气门座贴合，将汽油倒入燃烧室，使汽油淹没气门顶部，如图 3－47 所示。观察该缸气缸盖进、排气管接口处是否有汽油渗出，如果有汽油渗出，则说明气门密封不严，气门座与气门应研磨，如图 3－48 所示，气门密封不严，需重新研磨。

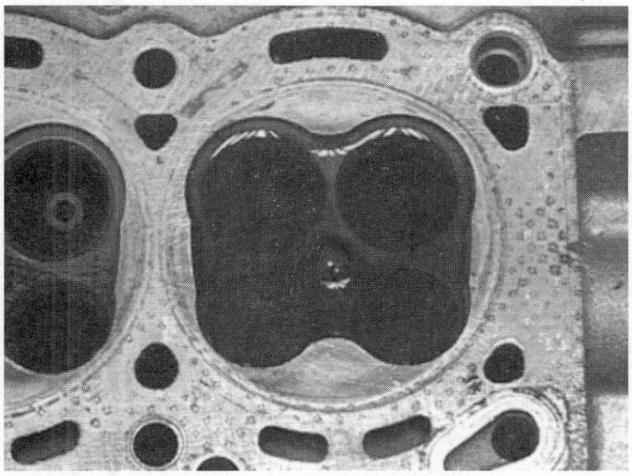

图 3-47　密封性检测

图 3-48　检查泄露处

二、制定方案

根据情境导入中的案例，需要清洗积炭并研磨气门。教师在组织教学的过程中，根据大众桑塔纳时代超人清洗积炭并研磨气门方案，让学生从实训中掌握清洗积炭并研磨气门的方法，如表 3-13 所示。

表 3-13　大众桑塔纳时代超人清洗积炭并研磨气门方案表

	大众桑塔纳时代超人清洗积炭并研磨气门方案	
车辆信息描述	车辆描述	大众桑塔纳时代超人，AJR 发动机，行驶里程 25 万 km，出厂时间：2005 年 6 月
	故障现象	车辆有时起动困难、怠速不稳、加速不畅、燃油消耗大，加速时排气管冒蓝烟同时伴有黑烟
设备/工具/耗材	气缸盖总成(含气门组件)，常用工具，钢丝刷，尼绒刷或者弹性刮刀，带柄气门皮碗，积炭清洗液，汽油，粗研磨膏，细研磨膏，发动机润滑油	
安全要求及注意事项	1. 清洗气门时注意气门与气门座圈接触面以及气门杆不能用金属丝刷去刷，任何微小的擦伤，将导致零件毁坏； 2. 清洗燃烧室时注意不要将气门座及气门导管刮伤； 3. 研磨气门前研磨前注意应先用汽油清洗气门、气门座和气门导管； 4. 在将气门插入导管前注意在气门工作锥面上涂上一层薄薄的粗研磨膏，同时在气门杆上涂以发动机润滑油； 5. 研磨时注意将气门作往复和旋转运动与气门座进行研磨，旋转角度不宜过大，并不时地提起和转动气门，变换气门与座相对位置，以保证研磨均匀； 6. 气门研磨好后注意做气门密封性检测，如有泄漏应继续研磨	
工作步骤	1. 清洗气门积炭； 2. 清洗燃烧室积炭； 3. 研磨各缸气门； 4. 安装气门； 5. 检查气门密封性	

教师对学生进行分组，每组选出一个小组长，小组长根据小组成员任务分工不同，确定不同任务的责任人。小组成员任务的划分可以参考下面的小组任务分配表，如表 3-14 所示。

表 3－14　小组任务分配表

	小组任务	个人职责(任务)	小组成员
1	任务前期准备工作	准备该任务的设备、工具、耗材	
2	清洗气门及燃烧室积炭	用钢丝刷清洗拆下的气门积炭，用积炭清洗液浸泡气缸盖，再用尼龙刷或者弹性刮刀及钢丝刷加以清理	
3	气门研磨	用汽油洗净气门、气门座和气门导管，先用粗研磨膏研磨气门，再用细研磨膏研磨气门	
4	气门密封性检测	安装气门，用汽油倒满燃烧室，检测汽油是否渗漏	

实训中如果没有该车型，可以参考大众桑塔纳时代超人清洗积炭并研磨气门方案和维修手册，制定该车型清洗积炭并研磨气门方案，如表 3－15 所示。

表 3－15　清洗积炭并研磨气门方案表

	______乘用车清洗积炭并研磨气门方案	
车辆信息描述	车辆描述	
	故障现象	
设备/工具/耗材		
安全要求及注意事项		
工作步骤		

三、实施

依据制定方案实施，并填写项目单，如表 3－16 所示。

表 3－16　实训结果项目表

气门积炭是否严重		清洗燃烧室积炭步骤	
燃烧室积炭是否严重		研磨气门步骤	
清洗气门积炭步骤		检测气门密封性步骤	

检查与评估

1. 学生自我检查

学生通过对本任务的学习，独立结合实训车辆填写学习情况检查表(表 3－17)，以检测自己对本任务的掌握情况。

表 3－17　学习情况检查表

	下列说法正确的画“√”，错误的画“×”	
1	更换正时皮带不需要调整配气正时	
2	即使正时皮带到了更换周期，虽然还能使用但也要更换	
3	拆卸凸轮轴轴承盖时要按照由中间到两边的顺序拧松轴承盖紧固螺栓	
4	检查液压挺柱的磨损时无需将该缸活塞转到上止点位置	
5	拆卸气缸盖时要按照由两边向中间对角的拆卸顺序，分三次均匀地拧松 10 个气缸盖螺栓	
6	安装气缸盖时要按照由两边向中间对角的拆卸顺序，分三次均匀地拧紧 10 个气缸盖螺栓	
7	安装气门油封时要将气门油封用发动机润滑油完全润滑后再安装	
8	气门油封老化损坏后会导致发动机润滑油泄漏到气门及燃烧室，形成大量积炭	
9	安装气门时要在气门杆上涂发动机润滑油润滑	
10	研磨气门后必须检测气门密封性	

2. 指导教师评估

指导老师在整个教学过程中，关注每个活动小组的工作过程以及小组成员的动手能力，并对小组成员的动手能力进行考核，如表 3－18 所示。

表 3－18　指导教师评估表

	考核量化指标	分值(总分)	学生得分
1	能够完成正时皮带的更换	10	
2	能够完成配气正时的调整	10	
3	能够完成凸轮轴的拆卸和安装	10	
4	能够完成液压挺柱的更换	10	
5	能够完成液压挺柱磨损程度的检查	10	
6	能够完成气缸盖的拆卸和安装	10	
7	能够完成气门的拆卸和安装	10	
8	能够完成气门油封的更换	10	
9	能够完成气门及燃烧室积炭的清洗	10	
10	能够完成气门研磨及气门密封性的检测	10	
总计			

学习情境4　润滑系统故障诊断与维修

学习目标

1. 能够诊断并排除润滑系统的机械故障；
2. 能够完成发动机润滑油压力表的使用；
3. 能够完成发动机润滑油压力的检查；
4. 能够完成发动机润滑油集滤器的拆装及清洗；
5. 能够完成油底壳的拆装及清洗；
6. 能够完成发动机润滑油泵的检查及更换

情境导入

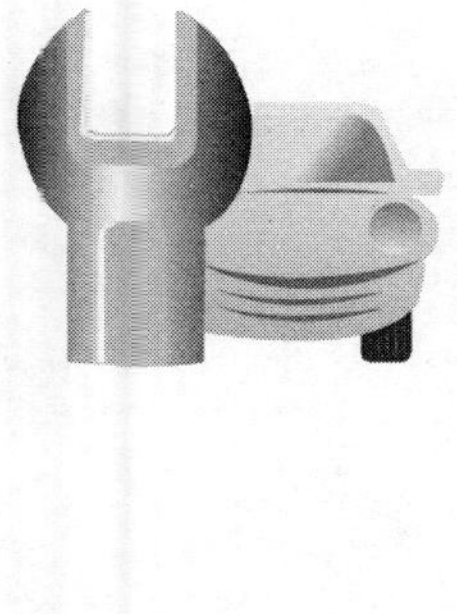

车　　型：大众桑塔纳时代超人，AJR发动机；
行驶里程：35万 km；
出厂时间：2005年6月。
故障现象：

客户反映车辆发动机润滑油压力报警灯点亮，但上个月刚做完保养，更换过发动机润滑油、机虑。

故障分析：

发动机润滑油报警灯点亮，说明润滑系统出现了故障，发动机润滑油压力不正常，首先应对发动机润滑油压力进行检测，分析车辆已行驶的里程数比较大，而且上个月刚更换完发动机润滑油和机滤，所以应重点检查发动机润滑油集滤器是否过脏及发动机润滑油泵是否磨损过度

任务　发动机润滑油压力故障检测与维修

任务描述

一、学习目标

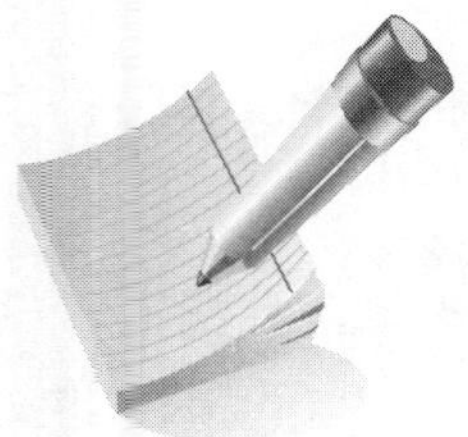	1. 能够使用发动机润滑油压力表检测发动机润滑油压力； 2. 能够完成发动机润滑油集滤器及油底壳的清洗； 3. 能够完成发动机润滑油泵的检查与更换

二、学习内容

	1. 发动机润滑油压力表的使用； 2. 发动机润滑油压力的检查； 3. 发动机润滑油集滤器的拆装及清洗； 4. 油底壳的拆装及清洗； 5. 发动机润滑油泵的检查及更换； 6. 油底壳密封胶的涂抹

项目1　检测发动机润滑油压力

一、知识链接

1. 润滑系统的组成

润滑系统由油底壳、发动机润滑油集滤器、发动机润滑油泵、发动机润滑油滤清器和润滑油道等组成，如图4-1所示。

2. 润滑原理及功用

1）润滑原理

发动机润滑油泵通过集滤器将油底壳内的发动机润滑油吸入发动机润滑油泵腔内，加压后输送至发动机润滑油滤清器，发动机润滑油滤清器将发动机润滑油过滤后，通过主油道输送至曲柄连

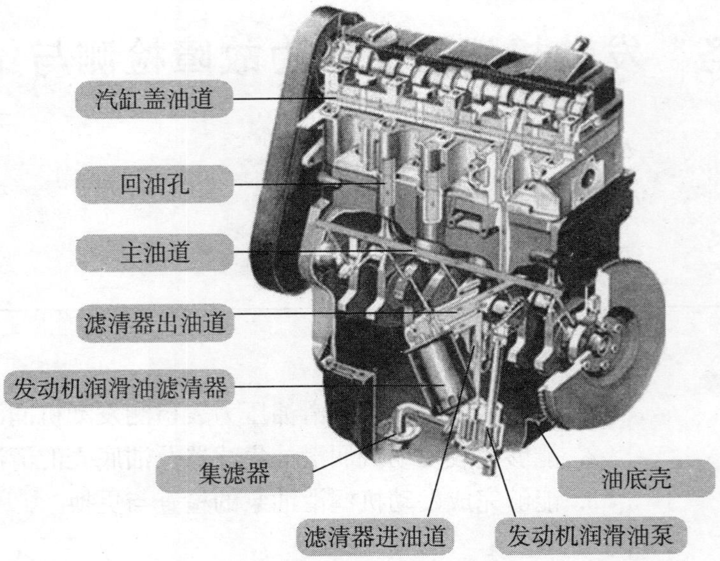

图 4-1　润滑系统组成

杆机构和配气机构，对机件进行润滑，发动机润滑油在机件表面形成油膜后再沿油道流回油底壳，再由发动机润滑油泵吸入、泵出，如此往复，如图 4-2 所示。

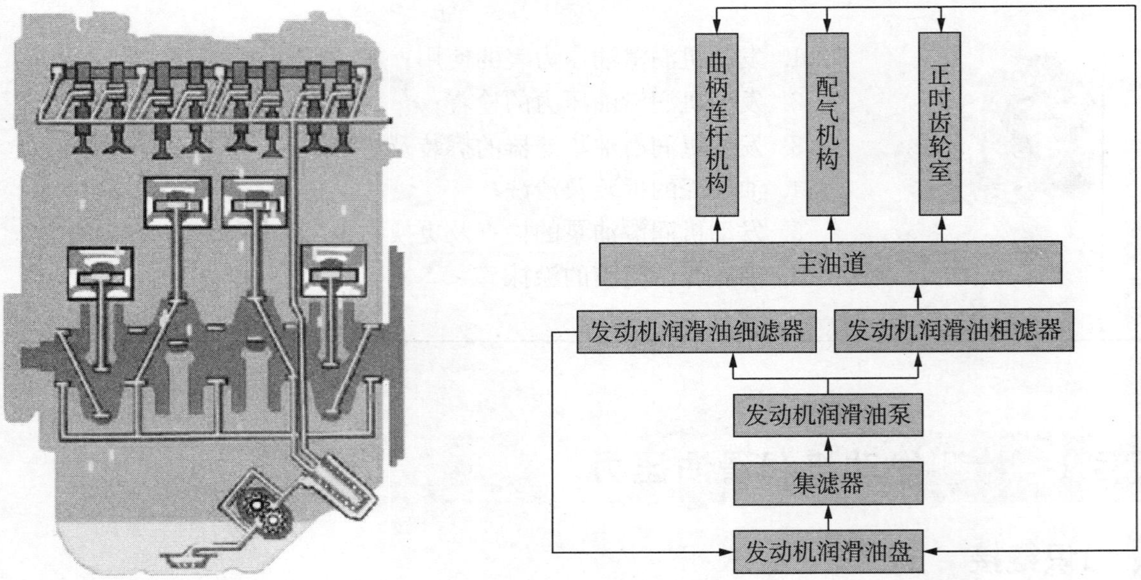

图 4-2　润滑原理

2）发动机润滑油功用

发动机润滑油具有多种功用，如表 4-1 所示。

表 4-1　发动机润滑油功用

润滑作用	润滑零件表面，减小磨损，降低发动机功率消耗
清洗作用	清洗摩擦表面，带走磨屑和其他异物
冷却作用	发动机润滑油在润滑系内循环，可带走摩擦产生的热量

（续表）

密封防腐作用	在运动零件间形成油膜，提高密封性，防止漏气漏油，同时防止腐蚀生锈
液压作用	发动机润滑油还可用作液压油，如液压挺柱，起液压作用
减震缓冲作用	在运动零件表面形成油膜，吸收冲击并减少震动，起减震缓冲作用

3. 发动机润滑油压力的检测

1）发动机润滑油压力表

发动机润滑油压力表由压力表、连接头及连接软管组成，如图 4－3 所示。

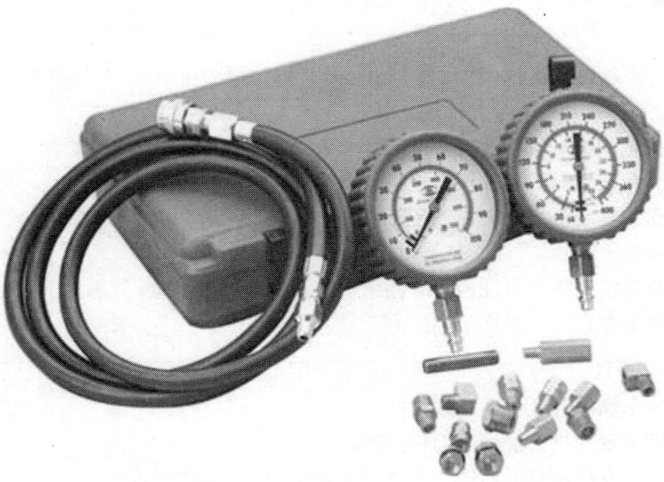

图 4－3　发动机润滑油压力表

2）检查方法

用举升机将车辆举升至合适高度，拔下发动机润滑油压力传感器插头，拆去发动机润滑油压力传感器，将发动机润滑油压力表的软管接头拧入安装在发动机润滑油压力传感器的螺孔内，并拧紧接头，如图 4－4 所示。起动发动机运转，检查发动机润滑油压力表接头处无漏油，如有漏油，应熄火重新拧紧接头。运转发动机使其达到正常工作温度，在发动机转速为 800 r/min 时，正常的发动机润滑油压力应≥30 kPa，转速在 2 000 r/min 时，正常的发动机润滑油压力应≥200 kPa。

图 4－4　连接发动机润滑油压力表

二、制定方案

根据情境导入中的案例，需要对发动机润滑油压力进行检测。教师在组织教学的过程中，根据大众桑塔纳发动机润滑油压力检测方案，让学生从实训中掌握发动机润滑油压力的检测方法，如表 4－2 所示。

表 4－2　大众桑塔纳发动机润滑油压力检测方案表

	大众桑塔纳发动机润滑油压力检测方案	
车辆信息描述	车辆描述	大众桑塔纳，AFE 发动机，行驶里程 35 万 km，出厂时间：2003 年 6 月
	故障现象	车辆发动机润滑油压力报警灯点亮
设备/工具/耗材	大众桑塔纳乘用车一辆，常用工具，发动机润滑油压力表，开口扳手，抹布	
安全要求及注意事项	1. 将车辆举升后注意将举升机锁止好，注意车辆及人身安全； 2. 拆卸发动机润滑油压力传感器时车辆一定要熄火； 3. 安装发动机润滑油压力传感器时一定要拧紧，如果发动车辆后有漏油，应熄火重新拧紧接头； 4. 测量发动机润滑油压力时注意要将车辆先发动一会，等水温上升至 80℃左右时，再在不同转速下观察发动机润滑油压力	
工作步骤	1. 将车辆举升至合适高度； 2. 拆下发动机润滑油压力传感器； 3. 组装发动机润滑油压力表并安装至车辆； 4. 测量发动机润滑油压力； 5. 拆下发动机润滑油压力表并装回发动机润滑油压力传感器； 6. 将车辆落至地面	

教师对学生进行分组，每组选出一个小组长，小组长根据小组成员任务分工不同，确定不同任务的责任人。小组成员任务的划分可以参考下面的小组任务分配表，如表 4－3 所示。

表 4－3　小组任务分配表

	小组任务	个人职责(任务)	小组成员
1	任务前期准备	工作准备该任务的设备、工具、耗材	
2	拆卸发动机润滑油压力传感器	举升车辆，拔下发动机润滑油压力传感器插头，拆下发动机润滑油压力传感器	
3	安装发动机润滑油压力表	组装发动机润滑油压力表，将发动机润滑油压力表安装至车辆	
4	检测发动机润滑油压力	发动车辆，暖车至正常温度，观察怠速时发动机润滑油压力，观察 2 000 r/min 时的发动机润滑油压力，观察 3 000 r/min 时的发动机润滑油压力	

实训中如果没有该车型，可以参考大众桑塔纳发动机润滑油压力检测方案和维修手册，制定该车型发动机润滑油压力检测方案，如表 4-4 所示。

表 4-4　发动机润滑油压力检测方案表

	________乘用车发动机润滑油压力检测方案	
车辆信息描述	车辆描述	
	故障现象	
设备/工具/耗材		
安全要求及注意事项		
工作步骤		

三、实施

依据制定方案实施，并填写项目单，如表 4-5 所示。

表 4-5　实训结果项目表

发动机润滑油压力传感器的位置		发动机转速为 2 000 r/min 时的发动机润滑油压力	
发动机润滑油压力表是否安装正确？		发动机转速为 3 000 r/min 时的发动机润滑油压力	
怠速时发动机润滑油压力		发动机润滑油压力是否正常？	

四、作业

通过实训后完善本任务的实施方案。

项目 2　清洗发动机润滑油集滤器及油底壳

一、知识链接

1. 发动机润滑油集滤器

集滤器装在装在发动机润滑油泵之前，一般采用滤网式，防止较大的机械杂质进入发动机润滑油泵，主要有浮式集滤器和固定式集滤器两类，如图 4－5 和图 4－6 所示。维护方式一般以清洗为主。

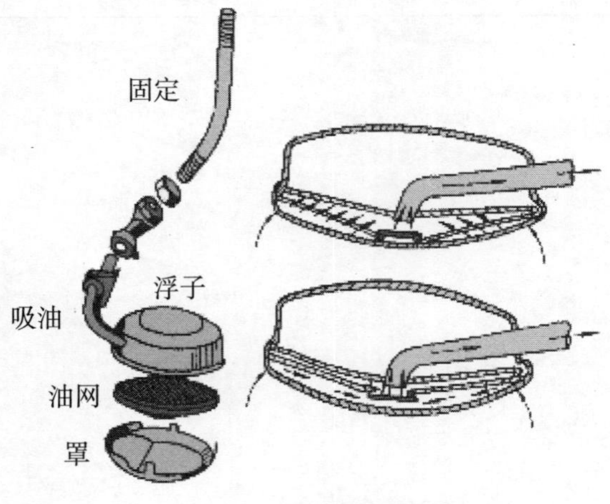

图 4－5　浮式集滤器

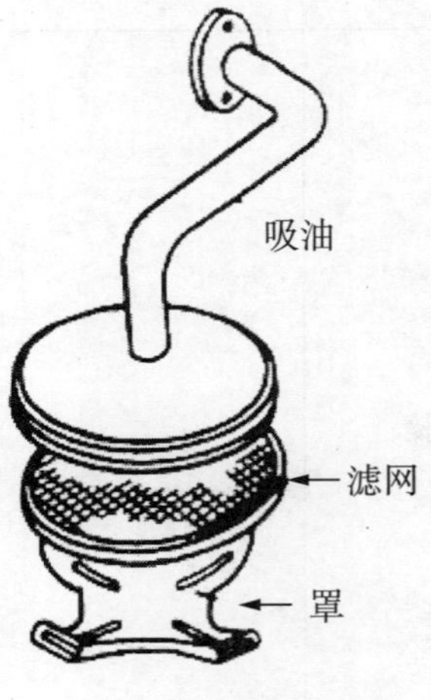

图 4－6　固定式集滤器

2. 发动机润滑油滤清器

滤清器安装于发动机润滑油泵和主油道之间，用于滤去发动机润滑油中的杂质，保持发动机润滑油清洁，延长发动机使用寿命。主要由滤纸与壳体两大部分组成，其中还有密封圈、支撑弹簧、旁通阀等辅助部件。旁通阀用于当滤纸由于杂质过多而失效后，发动机润滑油会通过旁通阀流入发动机内进行润滑，保证发动机润滑油的流通，如图 4－7 所示。维护方式基本都是更换，根据保养周期和发动机润滑油一起更换。

3. 发动发动机润滑油底壳

发动发动机润滑油底壳用于贮存发动机润滑油并封闭曲轴箱，又称为下曲轴箱。由油底壳壳体、放油螺栓、衬垫和挡油板等组成，如图 4－8 所示。通常放油螺栓上有永磁铁，以吸附润滑油中的金属屑，减少发动机的磨损，挡油板用于减轻油面的波动。在拆装油底壳作业时必须更换新的油底壳衬垫，并涂抹密封胶。

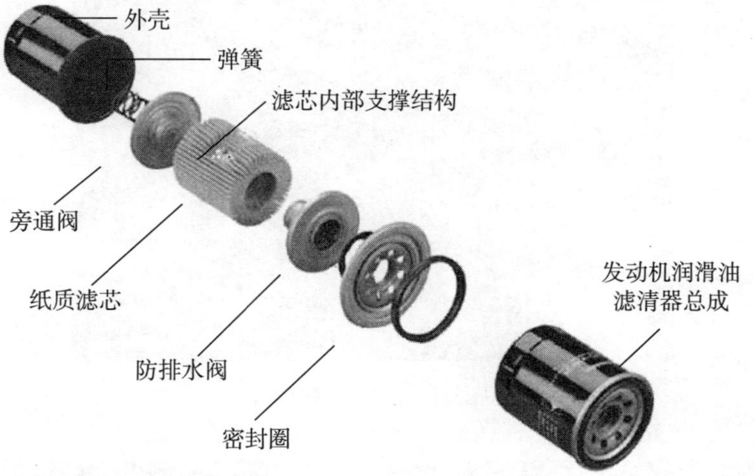

图4-7　发动机润滑油滤清器

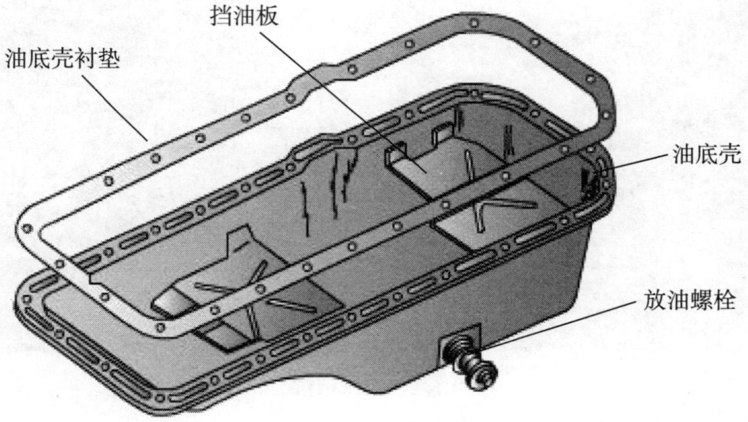

图4-8　发动机润滑油底壳

4. 清洗发动机润滑油集滤器及油底壳

油底壳内的杂质长期堆积，会造成发动机润滑油集滤器堵塞，使发动机润滑油压力降低，影响润滑，所以需要适时的对润滑系统进行清洗。

1）拆卸

拆去油底壳与缸体固定螺栓20个，注意按对角的顺序均匀拧松，如图4-9所示，取下油底壳及密封垫，拧松发动机润滑油集滤器的两个固定螺栓，拆下发动机润滑油集滤器及发动机润滑油防溅板。

2）清洗

将拆下的发动机润滑油集滤器、油底壳、发动机润滑油防溅板及放油螺栓放入塑料容器内，用汽油或化油器清洗剂清洗油底壳，用化油器清洁剂清洗发动机润滑油集滤器、发动机润滑油防溅板及螺栓，如图4-10所示，最后用吹气枪吹净油底壳、发动机润滑油防溅板及发动机润滑油集滤器。

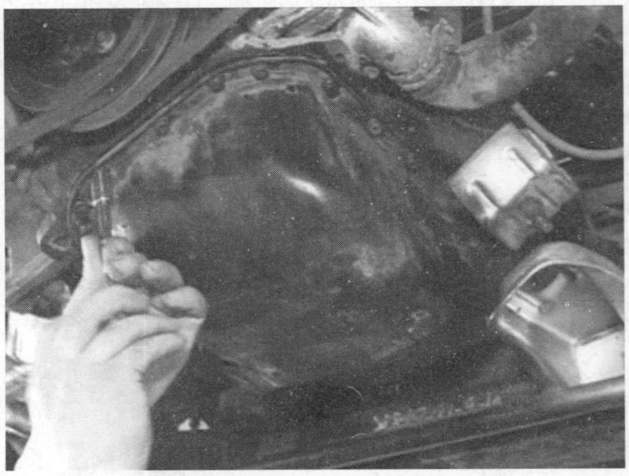

图 4-9　拆卸油底壳螺栓

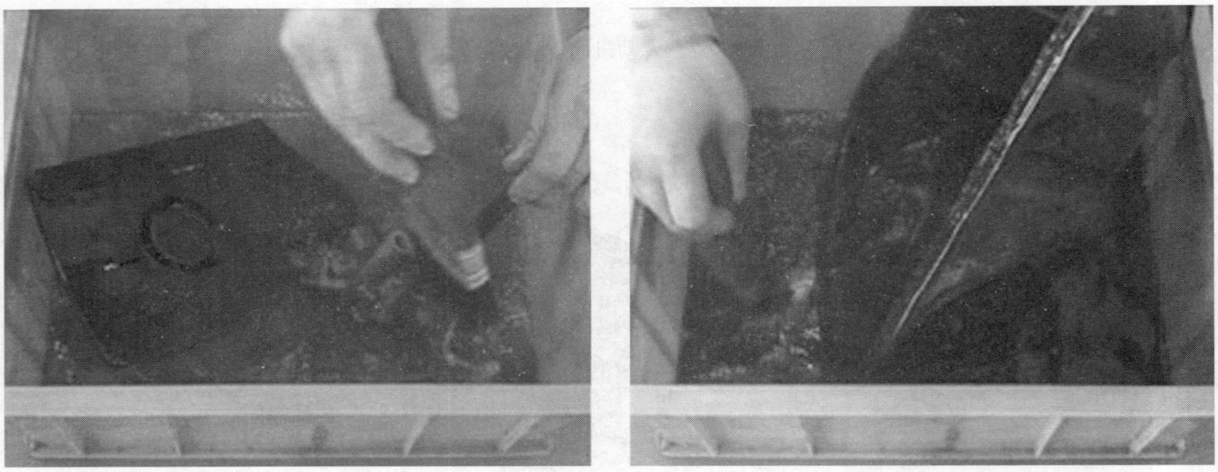

图 4-10　清洗

3）安装

安装发动机润滑油防溅板至发动机润滑油集滤器，如图 4-11 所示，把发动机润滑油集滤器总成安装至发动机润滑油泵，如图 4-12 所示，拧紧发动机润滑油集滤器紧固螺栓，拧紧扭矩为 16 N·m。

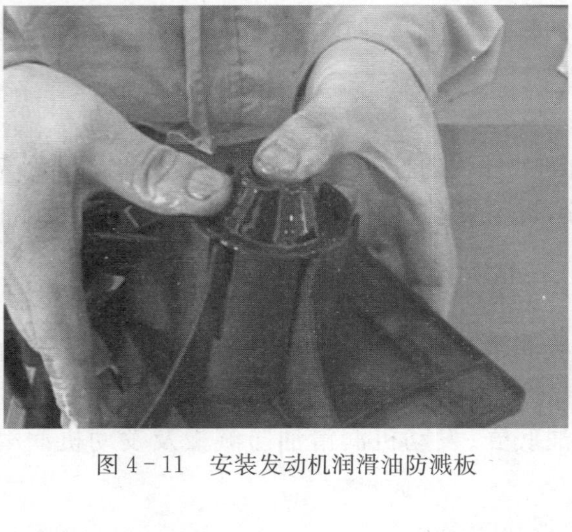

图 4-11　安装发动机润滑油防溅板

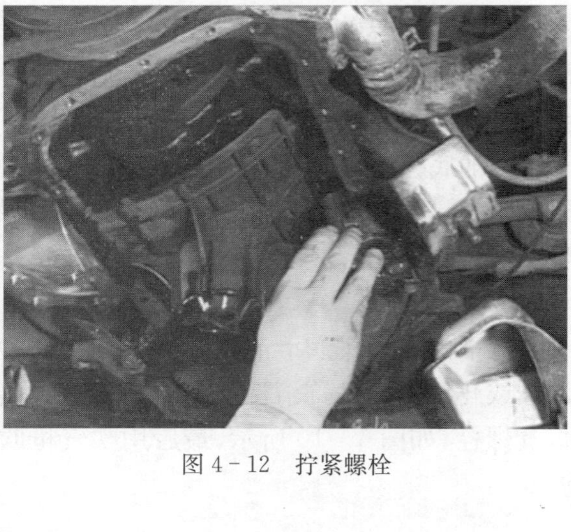

图 4-12　拧紧螺栓

在油底壳结合面上涂上一层密封胶，把油底壳衬垫放在油底壳结合面上，如图 4－13 所示，在油底壳衬垫上涂上密封胶，如图 4－14 所示，安装油底壳，均匀对角拧紧油底壳上的 20 个固定螺栓，拧紧扭矩为 20 N·m。

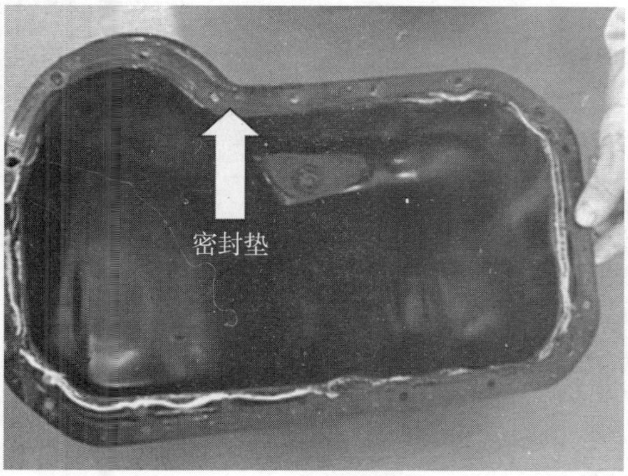

图 4－13　安装密封垫

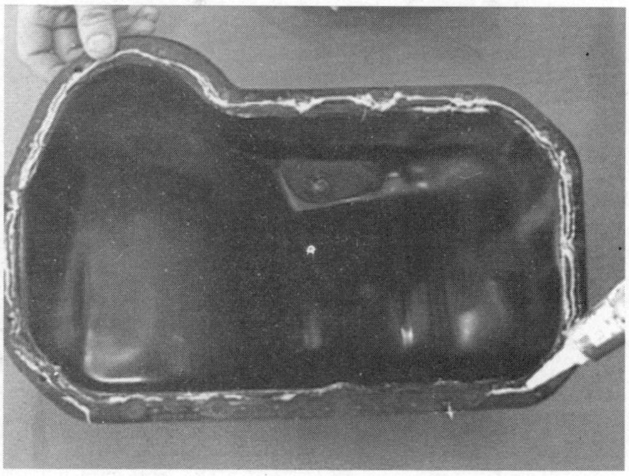

图 4－14　涂抹密封胶

二、制定方案

根据情境导入中的案例，需要对发动机润滑油集滤器及油底壳进行清洗。教师在组织教学的过程中，根据大众桑塔纳发动机润滑油集滤器及油底壳清洗方案，让学生从实训中掌握发动机润滑油集滤器及油底壳的清洗方法，如表 4－6 所示。

表 4－6　大众桑塔纳发动机润滑油集滤器及油底壳清洗方案表

	大众桑塔纳发动机润滑油集滤器及油底壳清洗方案	
车辆信息描述	车辆描述	大众桑塔纳，AFE 发动机，行驶里程 35 万 km，出厂时间：2003 年 6 月
	故障现象	车辆发动机润滑油压力报警灯点亮
设备/工具/耗材	大众桑塔纳乘用车 AFE 发动机翻转架一台（含发动机），常用工具，吹气枪，汽油或化油器清洗剂，密封胶，塑料容器，抹布	
安全要求及注意事项	1. 清洗作业时注意做好安全防火工作，汽油或化油器清洗剂都属易燃物品； 2. 拆卸油底壳螺栓时注意按对角的顺序均匀拧松； 3. 清洗润滑系统零件时注意要使用汽油或化油器清洗剂，不能用自来水或香皂水； 4. 安装发动机润滑油集滤器紧固螺栓时注意拧紧扭矩为 16 N·m； 5. 安装油底壳时注意必须更换新的油底壳衬垫，并涂抹密封胶，油底壳螺栓必须均匀对角拧紧，拧紧扭矩为 20 N·m	
工作步骤	1. 拆卸油底壳； 2. 拆卸发动机润滑油集滤器及发动机润滑油防溅板； 3. 清洗发动机润滑油集滤器； 4. 清洗油底壳； 5. 安装发动机润滑油集滤器及发动机润滑油防溅板； 6. 安装油底壳衬垫及油底壳	

教师对学生进行分组，每组选出一个小组长，小组长根据小组成员任务分工不同，确定不同任务的责任人。小组成员任务的划分可以参考下面的小组任务分配表，如表 4－7 所示。

表 4－7 小组任务分配表

	小组任务	个人职责（任务）	小组成员
1	任务前期准备工作	准备该任务的设备、工具、耗材	
2	拆卸油底壳及发动机润滑油集滤器	拧松油底壳紧固螺栓，拆下油底壳螺栓及油底壳，拧松并拆下发动机润滑油集滤器紧固螺栓，拆下发动机润滑油集滤器及防溅板	
3	清洗发动机润滑油集滤器及油底壳	用汽油或化油器清洗剂清洗油底壳，用化油器清洁剂清洗发动机润滑油集滤器、发动机润滑油防溅板、螺栓，最后用吹气枪吹净油底壳、发动机润滑油防溅板及发动机润滑油集滤器	
4	安装发动机润滑油集滤器及油底壳	安装发动机润滑油防溅板至集滤器，拧紧集滤器紧固螺栓，安装油底壳衬垫，并涂抹密封胶，安装油底壳，安装油底壳紧固螺栓	

实训中如果没有该车型，可以参考大众桑塔纳发动机润滑油集滤器及油底壳清洗方案和维修手册，制定该车型发动机润滑油集滤器及油底壳清洗方案，如表 4－8 所示。

表 4－8 发动机润滑油集滤器及油底壳清洗方案表

	________乘用车发动机润滑油集滤器及油底壳清洗方案	
车辆信息描述	车辆描述	
	故障现象	
设备/工具/耗材		
安全要求及注意事项		
工作步骤		

三、实施

依据制定方案实施，并填写项目单，如表 4－9 所示。

表4-9　实训结果项目表

发动机润滑油集滤器的安装位置		安装油底壳时密封胶的涂抹位置	
发动机润滑油集滤器是否因过脏而堵塞?		安装油底壳衬垫时密封胶的涂抹位置	
油底壳内是否有大量发动机润滑油油泥杂质堆积?		油底壳螺栓的拧紧方式	

四、知识拓展

1. 发动机润滑油冷却器

发动机润滑油冷却器用于降低发动机润滑油温度,保持润滑油具有一定的黏度,分为风冷式和水冷式。

1) 风冷式发动机润滑油冷却器

风冷式发动机润滑油散热器一般安装在冷却水散热器的前面,与主油道并联,如图4-15所示。其利用车辆行驶时产生的气流对发动机润滑油进行冷却。

图4-15　风冷式发动机润滑油冷却器

2) 水冷式发动机润滑油冷却器

水冷式发动机润滑油冷却器置于冷却水路中,利用冷却水的温度来控制润滑油的温度,如图4-16所示。当发动机润滑油温度高时,靠冷却水降温;当低温时,利用冷却水来提高发动机润滑油温度。现代汽车多采用水冷式发动机润滑油冷却器。

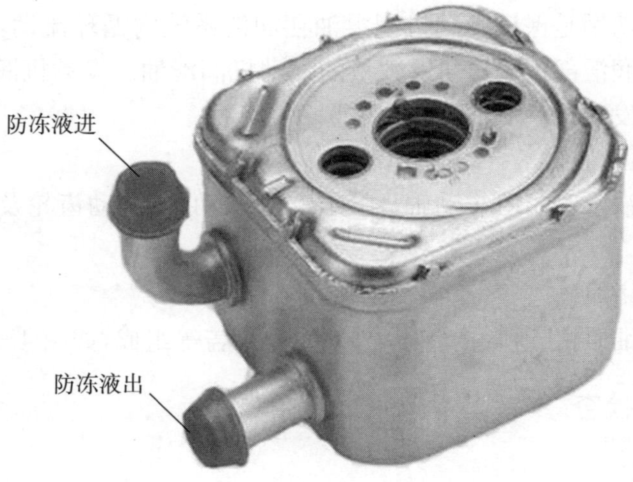

图4-16　水冷式发动机润滑油冷却器

五、作业

1. 通过实训后完善本任务的实施方案。

2. 请在表 4-10 内填写发动机润滑油集滤器各部件的名称。

表 4-10　发动机润滑油集滤器

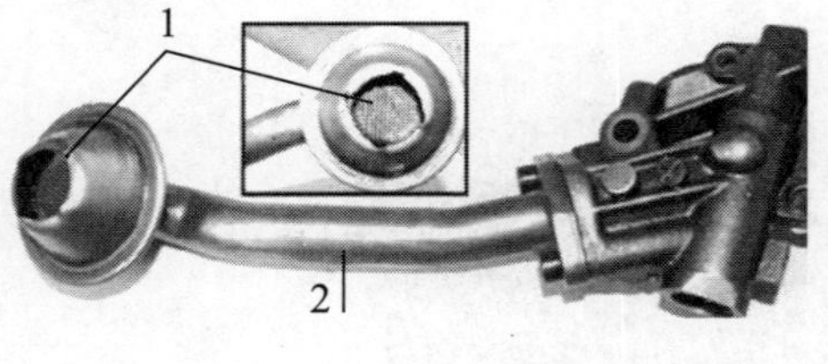 	1. 2.

项目 3　更换发动机润滑油泵

一、知识链接

1. 发动机润滑油泵

发动机润滑油泵的功用是保证发动机润滑油在润滑系统内循环流动，并在发动机任何转速下都能以足够高的压力向润滑部位输送足够数量的发动机润滑油。发动机润滑油泵主要有齿轮式发动机润滑油泵和转子式发动机润滑油泵两种类型。

1）齿轮式发动机润滑油泵

齿轮式发动机润滑油泵主要由主动轴、主动齿轮、从动轴、从动齿轮及发动机润滑油泵体等组成，如图 4-17 所示。

2）转子式发动机润滑油泵

转子式发动机润滑油泵由壳体、内转子、外转子及泵盖等组成，如图 4-18 所示。

2. 发动机润滑油泵的检查

1）外观检查

拧松发动机润滑油泵盖固定螺栓 2 个、拆下 2 个螺栓与发动机润滑油泵盖，如图 4-19 所示。

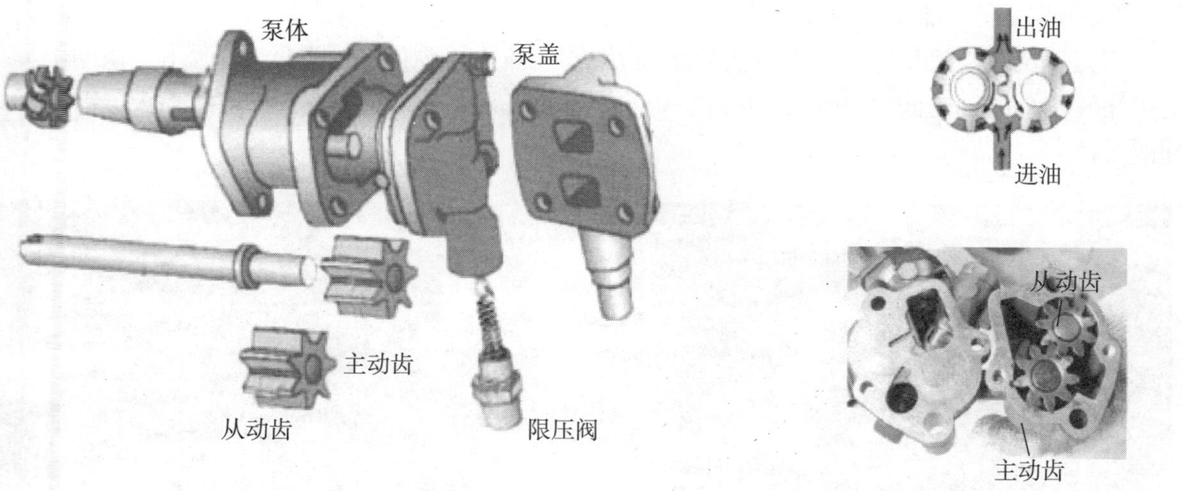

图 4－17　齿轮式发动机润滑油泵

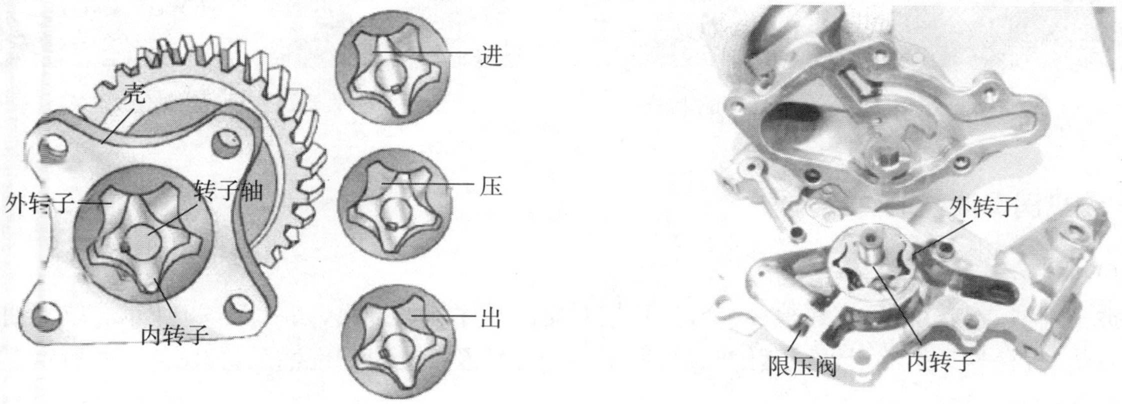

图 4－18　转子式发动机润滑油泵

取出发动机润滑油泵主动齿轮、从动齿轮，如图 4－20 所示。目视发动机润滑油泵壳体应无破裂、损伤，泵轴应无弯曲、变形，齿轮应无磨损、损伤。

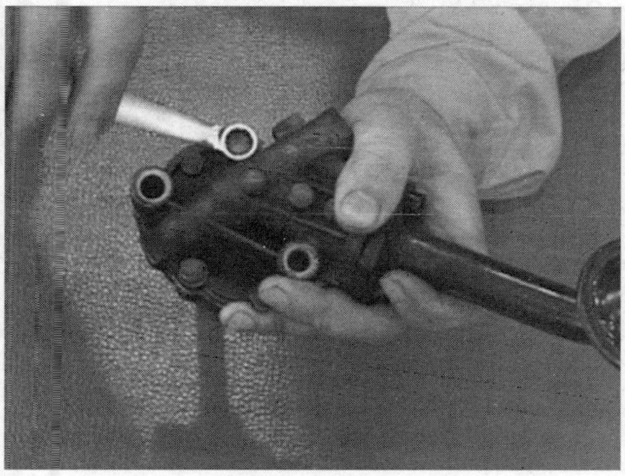

图 4－19　拧松螺栓

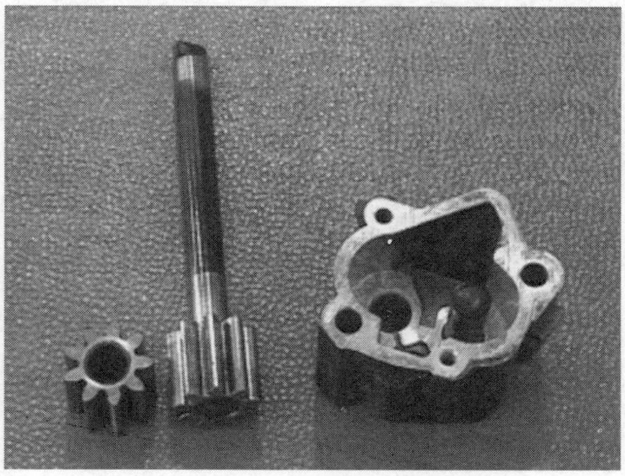

图 4－20　发动机润滑油泵齿轮

2）齿轮啮合间隙检查

用塞尺在互成 120°角的三个位置处测量发动机润滑油泵主动齿轮和从动齿轮的啮合间隙，如图 4－21 所示。标准间隙为 0.05 mm、使用极限为 0.20 mm。超过磨损极限时应予以更换。

3）发动机润滑油泵轴向间隙检查

用刀口尺或直尺垂直于泵壳及齿轮平面，用塞尺插入缝隙间，如图 4－22 所示。该间隙即为发动机润滑油泵的轴向间隙，标准间隙为 0.05 mm，使用极限为 0.15 mm。超过磨损极限时应予以修理或更换。

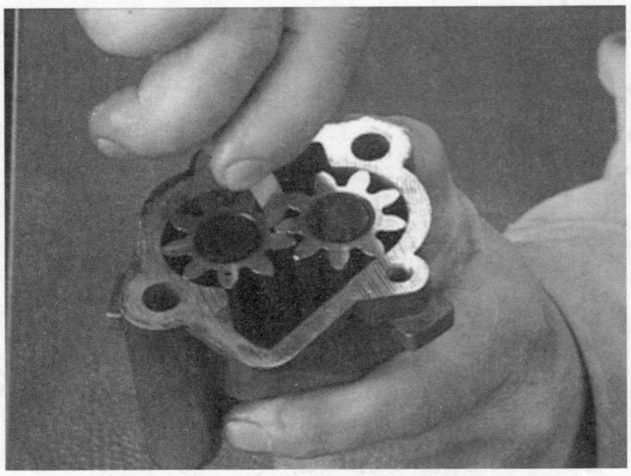

图 4－21　发动机润滑油泵齿轮啮合间隙检查

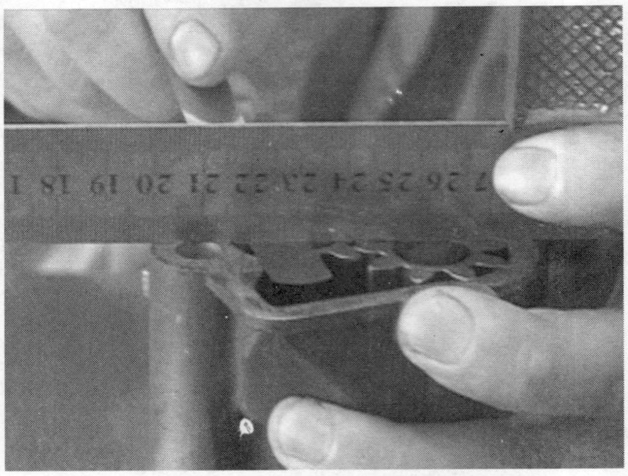

图 4－22　发动机润滑油泵轴向间隙检查

3. 发动机润滑油泵的更换方法

1）拆卸

拆去油底壳与缸体固定螺栓 20 个，注意按对角的顺序均匀拧松，如图 4－23 所示。取下油底壳及密封垫，拧松发动机润滑油泵紧固螺栓，取下两个螺栓及发动机润滑油泵，如图 4－24 所示。最后拆下发动机润滑油防溅板。

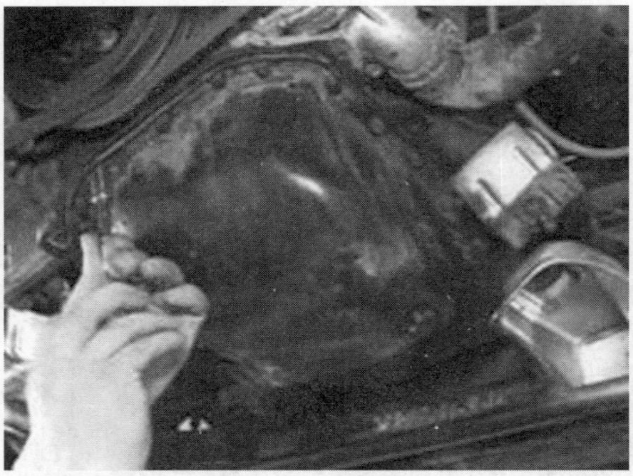

图 4－23　取下油底壳及密封垫

图 4－24　拆下螺栓

2）安装

将发动机润滑油防溅板装在新的发动机润滑油泵上，如图 4－25 所示。把发动机润滑油泵总成安装到缸体上，装上发动机润滑油泵的 2 个固定螺栓并拧紧，拧紧扭矩为 20 N·m，如图 4－26 所示。装上油底壳衬垫及油底壳（注意在衬垫上涂抹密封胶），均与对角拧紧油底壳上的 20 个固定螺栓，拧紧扭矩为 20 N·m。

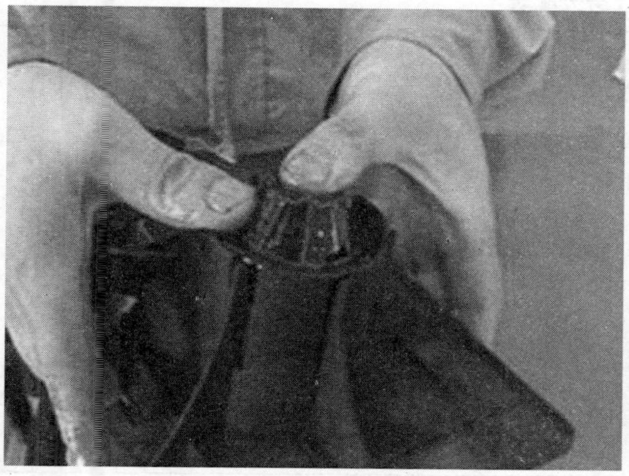

图 4-25　安装防溅板

图 4-26　安装螺栓

二、制定方案

根据情境导入中的案例，需要对发动机润滑油泵进行更换。教师在组织教学的过程中，根据大众桑塔纳发动机润滑油泵更换方案，让学生从实训中掌握发动机润滑油泵更换的方法，如表 4-11 所示。

表 4-11　大众桑塔纳发动机润滑油泵更换方案表

	大众桑塔纳发动机润滑油泵更换方案	
车辆信息描述	车辆描述	大众桑塔纳，AFE 发动机，行驶里程 35 万 km，出厂时间：2003 年 6 月
	故障现象	车辆发动机润滑油压力报警灯点亮
设备/工具/耗材	大众桑塔纳乘用车一辆，常用工具，发动机润滑油压力表，开口扳手，抹布	
安全要求及注意事项	1. 检查发动机润滑油泵齿轮啮合间隙时注意塞尺的测量位置； 2. 发动机润滑油泵外观检查时注意仔细检查发动机润滑油泵壳体应无破裂、损伤，泵轴应无弯曲、变形，齿轮应无磨损、损伤； 3. 安装发动机润滑油泵时注意发动机润滑油泵螺栓的拧紧力矩为 20 N·m； 4. 安装油底壳时注意在衬垫及接合面涂抹密封胶； 5. 安装油底壳螺栓时注意均匀对角拧紧，拧紧力矩为 20 N·m	
工作步骤	1. 拆卸油底壳； 2. 拆卸发动机润滑油泵总成； 3. 拆解发动机润滑油泵； 4. 外观检查发动机润滑油泵； 5. 测量发动机润滑油泵间隙； 6. 安装发动机润滑油泵； 7. 安装油底壳	

教师对学生进行分组，每组选出一个小组长，小组长根据小组成员任务分工不同，确定不同任务的责任人。小组成员任务的划分可以参考下面的小组任务分配表，如表 4-12 所示。

表 4－12　小组任务分配表

	小组任务	个人职责(任务)	小组成员
1	任务前期准备工作	准备该任务的设备、工具、耗材	
2	拆卸油底壳	拧松油底壳紧固螺栓，拆下油底壳螺栓及油底壳	
3	拆解并测量发动机润滑油泵	拆卸发动机润滑油泵总成，拆卸发动机润滑油泵，测量发动机润滑油泵齿轮啮合间隙，测量发动机润滑油泵轴向间隙	
4	安装发动机润滑油泵	安装发动机润滑油泵，安装油底壳	

实训中如果没有该车型，可以参考大众桑塔纳发动机润滑油泵更换方案和维修手册，制定该车型发动机润滑油泵更换方案，如表 4－13 所示。

表 4－13　发动机润滑油泵更换方案表

	________乘用车发动机润滑油泵更换方案	
车辆信息描述	车辆描述	
	故障现象	
设备/工具/耗材		
安全要求及注意事项		
工作步骤		

三、实施

依据制定方案实施，并填写项目单，如表 4－14 所示。

表 4-14 实训结果项目表

发动机润滑油泵齿轮啮合间隙是否正常?		发动机润滑油泵紧固螺栓的拧紧方式及力矩	
发动机润滑油泵轴向间隙是否正常?		油底壳紧固螺栓的拧紧方式及力矩	
发动机润滑油泵外壳、泵轴、齿轮是否有开裂、损坏?		发动机润滑油泵的类型	

四、作业

1. 通过实训后完善本任务的实施方案。

2. 请在表 4-15 内填写发动机润滑油泵各部件的名称。

表 4-15 发动机润滑油泵

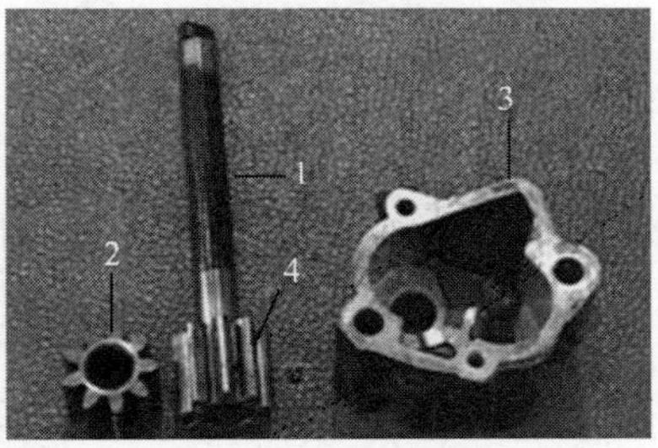	1.
	2.
	3.
	4.

检查与评估

1. 学生自我检查

学生通过对本任务的学习,独立结合实训车辆填写学习情况检查表(表 4-16),以检测自己对本任务的掌握情况。

表 4-16 学习情况检查表

	下列说法正确的画"√",错误的画"×"	
1	大众桑塔纳乘用车怠速时的正常发动机润滑油油压为 15 kPa	
2	可以在车辆发动时将发动机润滑油压力传感器拆下	
3	将发动机润滑油压力表安装至车辆后,起动后发现安装处漏发动机润滑油,但这不影响发动机润滑油压力的测量	
4	发动机润滑油集滤器安装在发动机润滑油泵和主油道之间	

（续表）

	下列说法正确的画“√”，错误的画“×”	
5	发动机润滑油滤清器的旁通阀起到当滤纸由于杂质过多而失效后，发动机润滑油会通过旁通阀流入发动机内进行润滑，以保证发动机润滑油的流通	
6	油底壳螺栓的拧紧力矩为 45 N·m	
7	安装油底壳衬垫时不需涂抹密封胶	
8	发动机润滑油泵螺栓的拧紧力矩为 16 N·m	
9	发动机润滑油泵齿轮啮合标准间隙为 0.25 mm	
10	发动机润滑油泵轴向间隙标准值为 0.05 mm	

2. 指导教师评估

指导老师在整个教学过程中，关注每个活动小组的工作过程以及小组成员的动手能力，并对小组成员的动手能力进行考核，如表 4－17 所示。

表 4－17　指导教师评估表

	考核量化指标	分值（总分）	学生得分
1	能够完成发动机润滑油压力表的正确安装	10	
2	能够完成发动机润滑油压力的检测及正确分析数据	10	
3	能够完成发动机润滑油集滤器的拆卸与安装	10	
4	能够完成油底壳的拆卸与安装	10	
5	能够完成发动机润滑油集滤器的清洗	10	
6	能够完成油底壳的清洗	10	
7	能够完成发动机润滑油泵齿轮啮合间隙的检查	10	
8	能够完成发动机润滑油泵轴向间隙的检查	10	
9	能够完成发动机润滑油泵的更换	10	
10	能够完成油底壳及衬垫上的密封胶的涂抹	10	
总计			

学习情境 5　冷却系统故障诊断与维修

学习目标

	1. 能够诊断并排除冷却系统的泄漏故障； 2. 能够完成散热风扇的检修； 3. 能够完成散热器的检修； 4. 能够完成节温器的检修； 5. 能够完成水泵的检修

情境导入

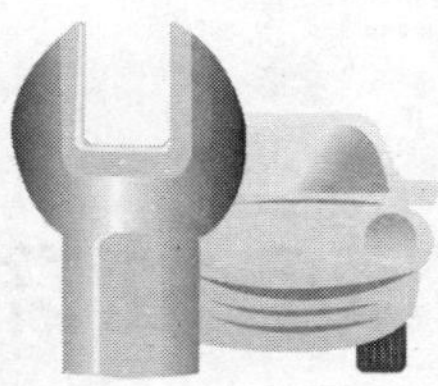

车　　型：普通大众桑塔纳，AFE 发动机；

行驶里程：35 万 km；

出厂时间：2005 年 6 月。

故障现象：

客户反映车辆行驶不远后水箱就“开锅”，冷却液大量外溢，且冷却液液位指示灯经常点亮，需频繁添加冷却液。

故障分析：

冷却液“开锅”的现象实际上是冷却液温度过高至沸腾，从膨胀水箱盖溢出。造成冷却液温度过高的原因有很多，包括冷却液的品质，是否原厂冷却液及是否变质等，还包括水泵故障、节温器故障、冷却风扇故障、散热器有堵塞散热性能差或冷却液泄露等原因。询问客户得知，该车 1 万 km 前更换过防冻液及大修过发动机，故防冻液的品质、发动机内部及气缸垫等都不会有问题，而且该车冷却液液位报警灯经常点亮，说明可能有防冻液泄露的地方，所以需要重点检查冷却液是否泄露，水泵、节温器、散热器、冷却风扇是否工作正常

任务　水温过高故障检测与维修

任务描述

一、学习目标

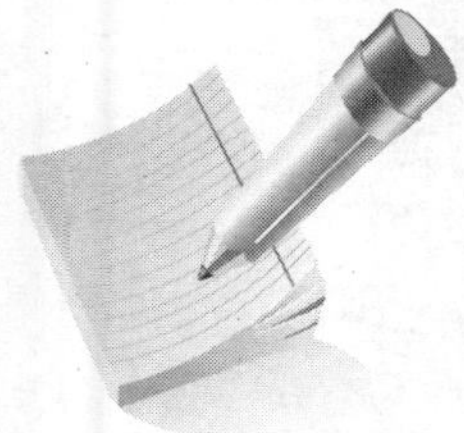

1. 能够诊断并排除冷却系统的泄漏故障；
2. 能够完成散热风扇的拆装与检修；
3. 能够完成散热器的拆装与检修；
4. 能够完成节温器的拆装与检修；
5. 能够完成水泵的拆装与检修

二、学习内容

1. 冷却系统的功用及组成；
2. 散热风扇的检修；
3. 散热器拆装与检修；
4. 水泵的拆装与检修；
5. 节温器的拆装与检修

项目1　检测冷却系统是否泄漏

一、知识链接

1. 冷却系统的概述

1）冷却系统的功用

在可燃混合气的燃烧过程中，气缸内气体温度可高达2 100 K～2 300 K。直接与高温气体接触的机件（如气缸体、气缸盖、活塞、气门等）若不及时加以冷却，则其中运动机件将可能因受热膨胀而破坏正常间隙，或因润滑油在高温下失效卡死，各机件也可能因高温导致期机械强度降低甚至损坏。因此，为保证发动机正常工作，必须对这些在高温条件下工作的机件加以冷却。

2）冷却功能对发动机工作的影响

发动机的冷却必须适度。若发动机冷却不足，由于气缸充气量减少和燃烧不正常，发动机功率将下降，且发动机零件也会因润滑不良而加速磨损。若冷却过度，一方面由于热量散失过多，使转变成有用功的热量减少，另一方面由于混合气与低温气缸壁接触，使其中原已汽化的燃油又凝结并流到曲轴箱内，不仅增加了燃油消耗，且使发动机润滑油变稀而影响润滑，结果也将使发动机功率下降，磨损加剧。因此，冷却系统的任务就是使工作中的发动机得到适度的冷却，从而保持在最适宜的温度范围内工作。

3）冷却系统的分类

汽车发动机常见的冷却方式有两种，即水冷式和风冷式，如图5－1所示。大多数汽车发动机采用水冷式冷却系统。

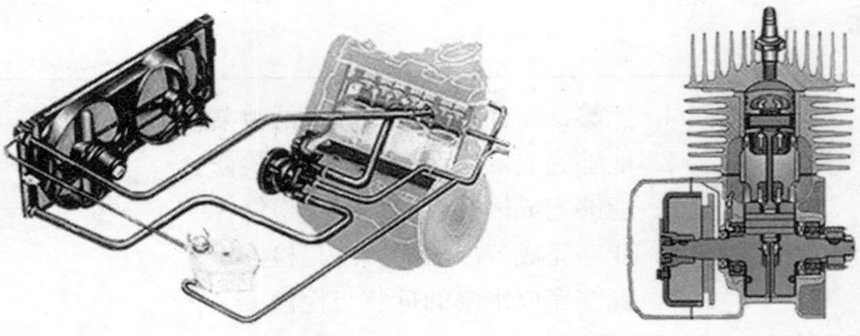

图5－1　水冷式与风冷式冷却系统

水冷式冷却系统以冷却液为介质，热量由机件传给冷却液，靠冷却液的流动把热量带走，再散发到大气中去，使发动机的温度降低，散热后的冷却液再重新流回到受热机件处。适当的调节水路和冷却的强度，就能保证发动机的正常工作温度。目前，汽车发动机上广泛采用水冷式冷却系统。

风冷式冷却系统是利用高速流动的空气直接吹过气缸盖和气缸体表面，把热量散发到大气中去，保证发动机在最有利的范围内工作。

采用水冷式冷却系统时，应使气缸盖内的冷却水温度在80℃～95℃之间；采用风冷式冷却系统时，铝气缸壁的温度允许为150℃～180℃，铝气缸盖则为160℃～200℃。

2. 水冷式冷却系统的组成

水冷式冷却系统具有冷却可靠、布置紧凑、噪声小、使用方便等优点。在汽车发动机上应用较

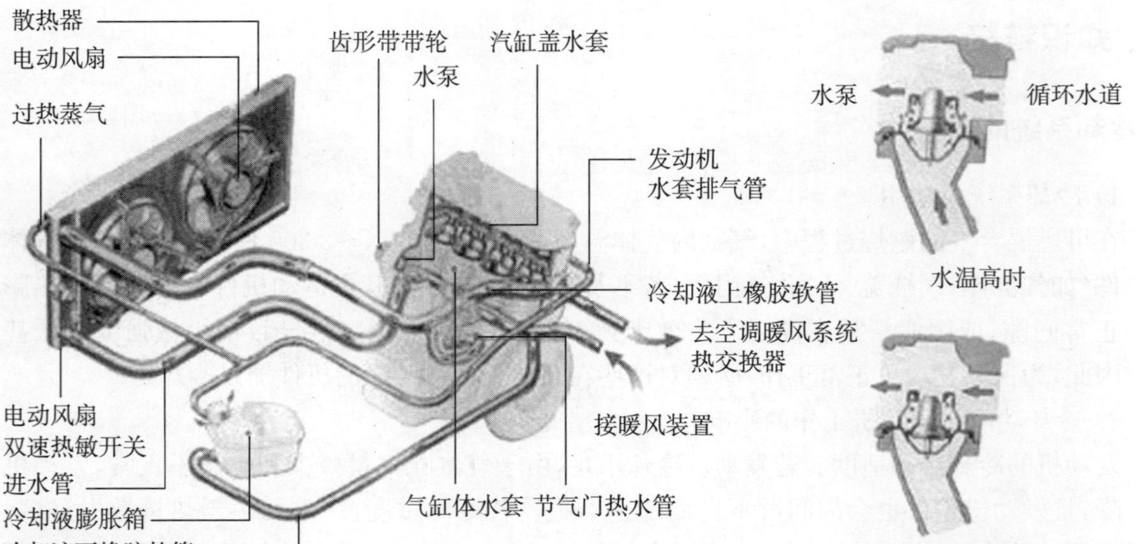

图5－2　水冷式冷却系统的组成

为广泛，目前汽车发动机上采用的水冷式冷却系统大都是强制循环式水冷系统，利用水泵强制冷却液在系统中进行循环流动。水冷式冷却系统主要由水箱、风扇、水泵、水管、水套、节温器和水温监测、控制装置等组成，如图 5－2 所示。

3. 冷却液

如仅使用水来作为冷却介质，则在冬季可能因冷却水结冰膨胀而使气缸体和气缸盖胀裂的现象。

冷却液中防冻液的浓度不宜过高，也不易过低，一般应控制在 40%～68%。浓度太低，起不到防冻的效果；浓度太高，则反而会降低冰点。一般 50%浓度的冷却液其冰点可达－33℃，完全满足我国绝大多数地区的使用。上海大众汽车发动机冷却液如图 5－3 所示。

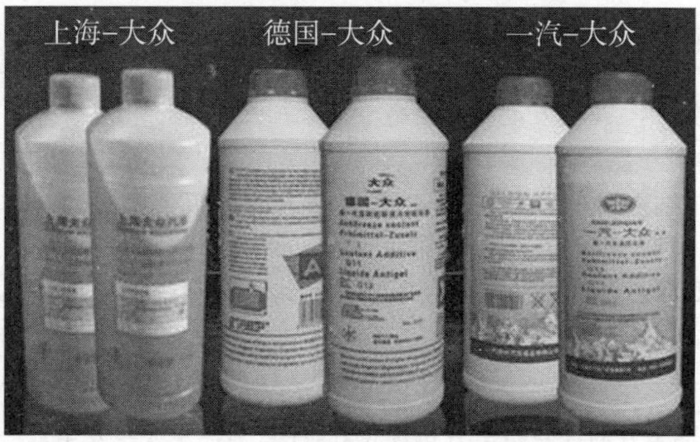

图 5－3　上海大众汽车发动机冷却液

加注冷却液不宜过满，应让冷却液留有一定的膨胀空间。废弃的冷却液应本着环保的原则妥善处理，不应随意将其排入下水道。

4. 冷却系统泄漏检测

1）安装压力测试仪

打开膨胀水箱盖，将压力测试仪安装到膨胀水箱上，如图 5－4 所示。安装时，像安装水壶盖一样顺时针方向旋上压力测试仪，拧紧后连接软管的快速接头。

2）冷却系统加压

用压力测试仪上的打气筒打气，打至(130±10)kPa 的压力(表压)，如图 5－5 所示。保持 5 min，

图 5－4　安装压力测试仪

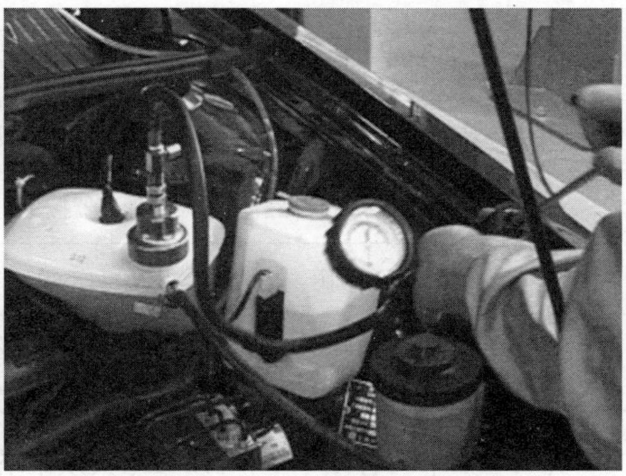

图 5－5　冷却系统加压

如压力测试仪表压无明显下降，表明冷却系统无泄漏现象，否则应予以修理。

二、制定方案

根据情境导入中的案例，需要对冷却系统是否泄漏进行检测。教师在组织教学的过程中，根据大众桑塔纳冷却系统泄漏检测方案，让学生从实训中掌握冷却系统泄漏的检测方法，如表 5-1 所示。

表 5-1　大众桑塔纳冷却系统泄漏检测方案表

	大众桑塔纳冷却系统泄漏检测方案	
车辆信息描述	车辆描述	大众桑塔纳，AFE 发动机，行驶里程 35 万 km，出厂时间：2005 年 6 月
	故障现象	车辆发动机水温高
设备/工具/耗材	大众桑塔纳乘用车一辆，常用工具，10 mm 梅花扳手，13 mm 梅花扳手，活动扳手，棘轮扳手，L 形接杆，可调扭力扳手，接杆，鲤鱼钳，7 mm 套筒，8 mm 套筒，10 mm 套筒，13 mm 套筒，6 mm 内六角套筒，10 mm 开口扳手，冷却系统压力测试仪 1 套，冷却液收集盘，举升机 1 台，冷却液，毛巾，纸杯，铁丝	
安全要求及注意事项	1. 将车辆举升后注意将举升机锁止好，注意车辆及人身安全； 2. 进行冷却系统渗漏检测时，车辆一定要熄火； 3. 安装冷却液加压器前一定要将系统先泄压，安装工具一定要拧紧； 4. 加压后，不断观测冷却系统各零部件及其连接部位是否有渗漏现象	
工作步骤	1. 将车辆发动机熄火； 2. 给冷却系统加压； 3. 观察冷却系统零部件及连接部位	

教师对学生进行分组，每组选出一个小组长，小组长根据小组成员任务分工不同，确定不同任务的责任人。小组成员任务的划分可以参考下面的小组任务分配表，如表 5-2 所示。

表 5-2　小组任务分配表

	小组任务	个人职责(任务)	小组成员
1	任务前期准备工作	准备该任务的设备、工具、耗材	
2	安装冷却系统加压器	将加压器接头连接到膨胀水箱，并连接加压软管	
3	给冷却系统加压	手动操作，给冷却系统施加压力	
4	观察冷却系统零部件及连接部位	在加压过程中及保持压力后，观察冷却系统零部件及连接部位是否渗漏	

实训中如果没有该车型，可以参考大众桑塔纳冷却系统泄漏检测方案和维修手册，制定该车型冷却系统泄漏的检测方案，如表 5-3 所示。

表 5－3　冷却系统泄漏检测方案表

	________乘用车冷却系统泄漏检测方案	
车辆信息描述	车辆描述	
	故障现象	
设备/工具/耗材		
安全要求及注意事项		
工作步骤		

三、实施

依据制定方案实施，并填写项目单，如表 5－4 所示。

表 5－4　实训结果项目表

冷却系统如何泄压？		压力测试仪与车辆如何连接？	
如何进行压力施加？		冷却系统是否渗漏？	

四、作业

1. 通过实训后完善本任务的实施方案。

2. 在大众桑塔纳实训车上指出冷却系统各组成部件的位置。

项目 2　检修冷却风扇

一、知识链接

1. 冷却风扇

风扇一般安装在散热器后面，并与水泵同轴。风扇的作用是提高流经散热器的空气流速和流量，以增强散热器的散热能力。

目前应用较多、较先进的风扇是带有辅助叶片的导流风扇，如图 5-6 所示。在叶片表面铸有凸起其优点是增加空气的径向流量，防止在叶片表面产生附面层和涡流现象，改善了冷却性能，降低了噪音。

风扇和发电机一般同时由曲轴带轮通过三角皮带驱动(图 5-7)。一般将发电机的支架作成可移动式，以调节皮带的张紧度。皮带过松，将引起皮带相对带轮打滑，使风扇的扇风量减少，发动机过热及发电机的发电效率下降；皮带过紧，将增加发电机轴承的磨损。因此，皮带必须保持合适的松紧度，一般用大拇指以 30～50 N 的力，按下皮带产生 10～15 mm 的挠度为宜。

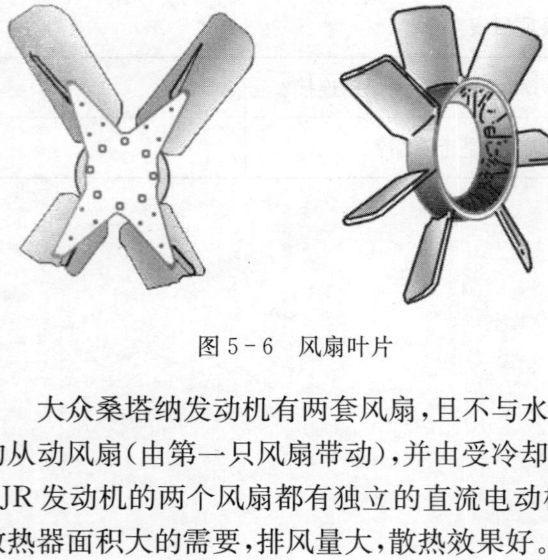

图 5-6　风扇叶片

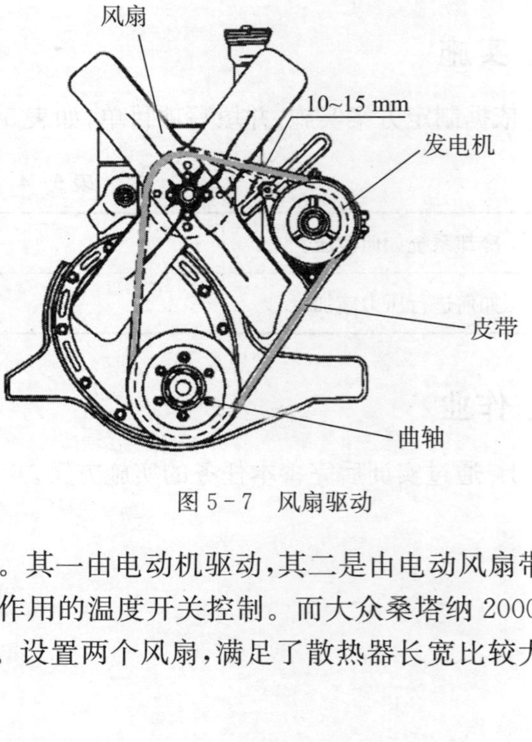

图 5-7　风扇驱动

大众桑塔纳发动机有两套风扇，且不与水泵同轴。其一由电动机驱动，其二是由电动风扇带动的从动风扇(由第一只风扇带动)，并由受冷却液温度作用的温度开关控制。而大众桑塔纳 2000 型 AJR 发动机的两个风扇都有独立的直流电动机驱动。设置两个风扇，满足了散热器长宽比较大及散热器面积大的需要，排风量大，散热效果好。

电动风扇与热敏开关配合使用，能做好自动控制，并且不受发动机转速的影响。热敏开关一般位于发动机缸体出水管口。根据发动机的温度，自动控制风扇两挡转速，来改变散热器的空气流量。下面以大众桑塔纳发动机AFE型发动机为例，来说明风扇1、2挡的控制温度。

风扇1挡：工作温度为92℃～97℃，关闭温度为84℃～91℃，工作转速为2 300 r/min；

风扇2挡：工作温度为99℃～105℃，关闭温度为93℃～98℃，工作转速为2 800 r/min。

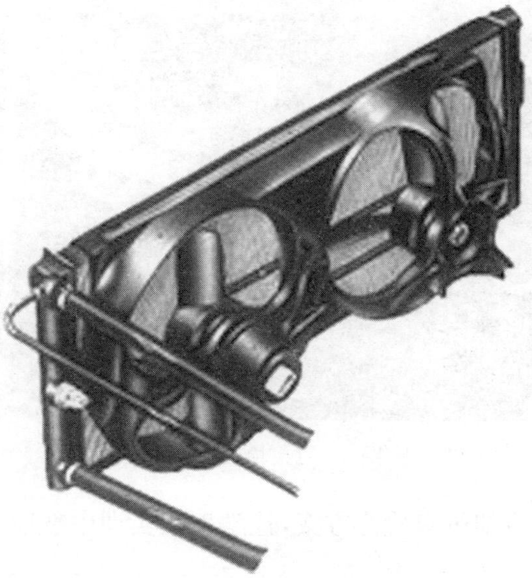
图5-8　大众桑塔纳电动风扇

2. 风扇的拆装与检查方法

1）取出带风扇的散热器总成

断开散热器连接水管、线束连接插头，拆下散热器的两颗固定螺栓后，向上取出带风扇的散热器总成，如图5-9所示。

2）拆卸集风罩

将带风扇的散热器总成放置在平整的操作台上，用10 mm套筒、接杆、棘轮扳手配合使用，拆去风扇集风罩上的5个固定螺栓，如图5-10所示。拆卸后，分离集风罩取下电动风扇。

图5-9　取出散热器总成

图5-10　拆卸集风罩

3）检查风扇皮带

手指捏压检查风扇皮带，应无老化、破裂，如图5-11所示，否则应予以更换。

4）检查风扇叶片

转动风扇叶片检查，如图5-12所示。风扇叶片应完好无损，被动叶轮应转动灵活，无松旷，否则应予以更换。

注意：转动叶片检查时，速度不要太快，手指推动叶片后快速撤离，避免被叶片划伤。

二、制定方案

根据情境导入中的案例，需要对冷却风扇进行检修。教师在组织教学的过程中，根据大众桑塔

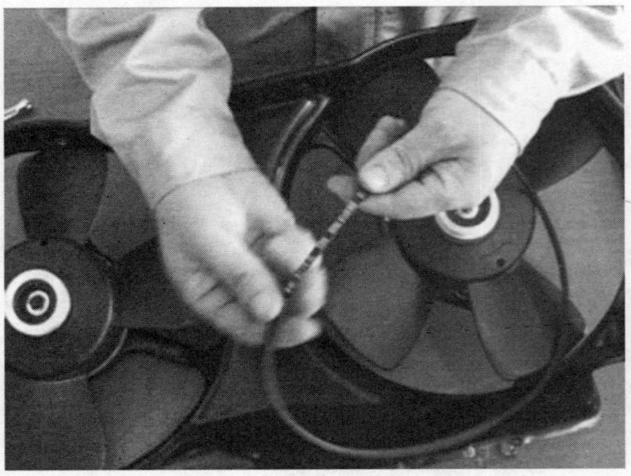

图 5-11　检查风扇皮带

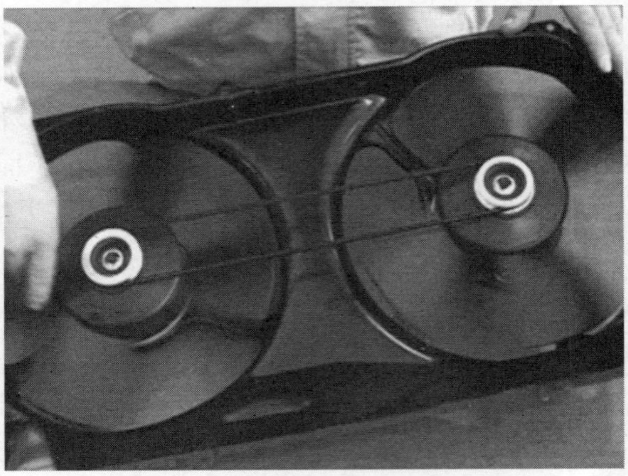

图 5-12　风扇叶片检查

纳冷却风扇检修方案，让学生从实训中掌握冷却风扇的检修方法，如表 5-5 所示。

表 5-5　大众桑塔纳冷却风扇检修方案表

	大众桑塔纳冷却风扇检修方案	
车辆信息描述	车辆描述	大众桑塔纳，AFE 发动机，行驶里程 35 万 km，出厂时间：2005 年 6 月
	故障现象	车辆发动机水温高
设备/工具/耗材	大众桑塔纳乘用车一辆，10 mm 梅花扳手，棘轮扳手，可调扭力扳手，接杆，鲤鱼钳，10 mm 套筒，13 mm 套筒，抹布	
安全要求及注意事项	1. 取出散热器总成时，注意散热器片不要碰损； 2. 拆卸时，注意螺栓的旋转方向； 3. 检查风扇皮带，注意手指安全； 4. 检查叶片时，避免划伤	
工作步骤	1. 取出带风扇的散热器总成； 2. 拆下集风罩； 3. 检查皮带与叶片； 4. 安装	

教师对学生进行分组，每组选出一个小组长，小组长根据小组成员任务分工不同，确定不同任务的责任人。小组成员任务的划分可以参考下面的小组任务分配表，如表 5-6 所示。

表 5-6　小组任务分配表

	小组任务	个人职责（任务）	小组成员
1	任务前期准备工作	准备该任务的设备、工具、耗材	
2	拆卸散热器总成	从车辆上拆卸带集风罩的散热器总成	
3	拆卸集风罩	将集风罩在散热器总成上分解，并取下风扇皮带	
4	检测皮带与叶片	对皮带的裂纹、老化与风扇叶片的运转进行检查	

实训中如果没有该车型，可以参考大众桑塔纳冷却风扇检修方案和维修手册，制定该车型冷却风扇检修方案，如表5-7所示。

表5-7　冷却风扇检修方案表

	______乘用车冷却风扇检修方案	
车辆信息描述	车辆描述	
	故障现象	
设备/工具/耗材		
安全要求及注意事项		
工作步骤		

三、实施

依据制定方案实施，并填写项目单，如表5-8所示。

表5-8　实训结果项目表

如何拆卸集风罩？		如何拆卸风扇皮带？	
皮带是否损坏？		风扇叶片是否损坏？	
如何进行皮带安装？		如何进行集风罩的安装？	

四、作业

1. 通过实训后完善本任务的实施方案。

2. 如何正确检查风扇皮带与叶片?

项目 3　散热器的拆装与检修

一、知识链接

1. 膨胀水箱

膨胀水箱的上部是一个较细的软管与水箱的加水管相连,底部通过水管与水泵的进水管相连接,通常高于散热器。

膨胀水箱的作用是把冷却系统变成永久封闭系统,减少了冷却液的损失,避免空气不断地进入,在系统内造成氧化、穴蚀、使冷却系统中的水、气分离,保持系统内压力稳定,提高水泵的泵水量。

当冷却液受热膨胀后,散热器内多余的冷却液流入膨胀水箱;而当温度降低后,散热器内产生一定的真空度,膨胀水箱中的冷却液又被吸回散热器内。因此冷却液不会溢出,驾驶人不必经常加注冷却液。膨胀水箱上印有两条液面高度标记线:“MIN”(低)和“MAX”(高)。补充冷却液时可从膨胀水箱口加入,在添加冷却液时,桶内液面高度不应超过“MIN”线,给系统中的冷却液留有足够的膨胀空间。

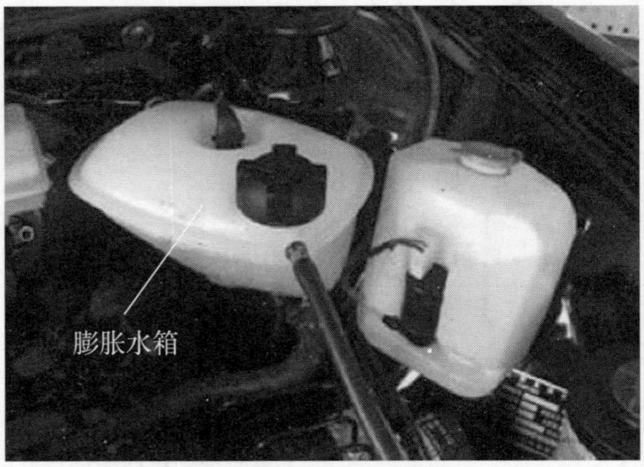

图 5 - 13　膨胀水箱

2. 散热器

散热器由导热性好的材料制成。

散热器主要是由上水室、下水室和散热器芯(包括冷却管和散热带)组成。上水室、下水室由散热器芯连接一起，如图5－14所示，并装在框架内(框架固定在车架上)。框架上还设有护风圈，其目的是起到风向导流作用的。下水室的出水管接水泵的进水口，上水室的进水管接缸盖的出水口。上水室上设有加水口，并用加水口盖封闭。在下水室中一般还装有放水阀。

散热器芯的构造型式有管片式、管带式等，但其最终目的就是尽可能提高散热能力，如图5－15所示。

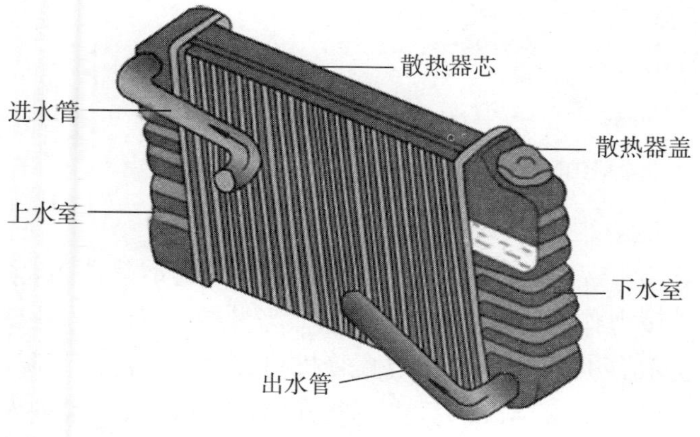

图5－14　散热器结构

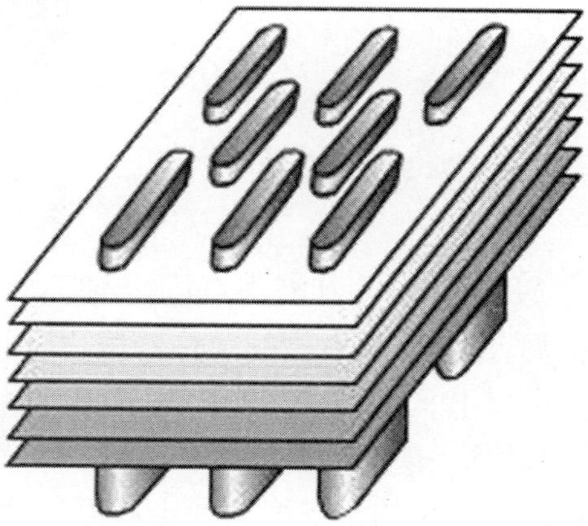

图5－15　散热器芯

管片式散热器由许多冷却管和散热片组成。冷却管是焊接在上、下贮水室之间的直管，是冷却液的通道。当空气吹过冷却管的外表面时，从而使管内流动的冷却液得到冷却。冷却管大多采用扁圆形断面，因为扁管与圆管相比，在容积相同的情况下具有较大的散热面积；当管内的水冻结膨胀时，扁管可以借其横断面变形而免于破裂。为了进一步提高散热效果，在冷却管外面横向套装了很多金属薄片(散热片)来增加散热面积，同时增加了整个散热器的刚度和强度。

管带式散热器的散热带与冷却管相间排列。散热带呈波纹状，为了提高散热能力，在散热带上一般开有形似百叶窗的缝孔，用来破坏空气流在散热带表面上附面层，从而提高散热能力。这种散热器芯与管片式相比，具有散热能力较强，制造工艺简单，质量小，成本低等优点，但结构刚度不如管片式好，一般在使用条件较好的乘用车上得到广泛采用。随着我国道路条件的改善，这种管带式管芯在中型货车上也开始采用。

3. 散热器盖

常见水冷系统的散热器盖具有自动阀门，发动机热状态正常时，阀门关闭，将冷却系统与大气隔开，防止水蒸气逸出，使冷却系统内的压力稍高于大气压力，从而可增高冷却液的沸点，防止冷却系统发生“开锅”现象。但如果冷却系统中水蒸气过多，将使冷却系统压力过大，可能导致散热器破裂。因此，必须在加水口处设置排出水蒸气的通道。因而在冷却系统内压力过高或过低时，自动阀门则开启以使冷却系统与大气相通。

大众桑塔纳发动机的散热器盖安装在膨胀水箱上，如图5－16所示，它带有自动阀门，平时严密盖紧，冷却系统与大气隔断。当系统温度上升时，冷却系统内冷却液的压力高于大气压，这样可提高冷却液的沸点，加大冷却液温度与外界大气温度的差值，提高散热能力。压力阀的开启压力为

图 5－16　大众桑塔纳膨胀水箱盖

0.12 MPa，此时冷却液沸点可达 135℃，其散热能力很强。

具有真空-压力阀的散热器盖，其构造如图 5－17 所示。装有压力阀和真空阀的散热器盖，紧盖在加水口上。由于在一般情况下，两阀均在弹簧力作用下处于关闭状态。当散热器中压力升高到一定数值(一般为 0.026～0.037 MPa)时，压力阀便开启而使水蒸汽顺管排出。当水的温度下降，冷却系统中产生的真空度达一定数值(一般为 0.01～0.02 MPa)时，真空阀开启，空气即从管 1 进入冷却系统，以防止水管及贮水室被大气压瘪。

不允许在发动机热状态下开启散热器盖，应等系统温度降到 50℃以下时才打开，以免被喷出的热水和蒸汽烫伤。

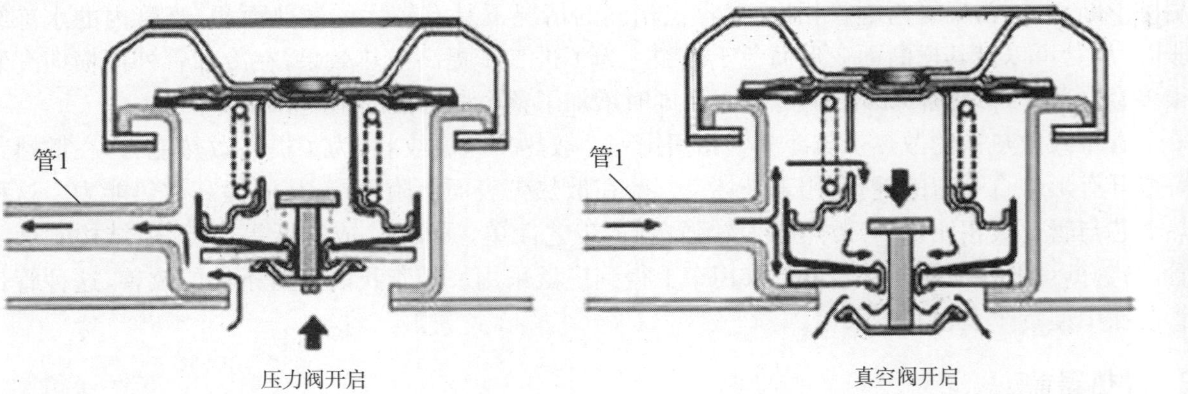

图 5－17　散热器盖

4. 散热器的拆卸方法

1) 拔除水管

排放冷却液后，依次拆卸散热器的上下水管；拔下膨胀水箱通往散热器的水管，如图 5－18 所示。

2) 拔出线束插头

依次拔出电动风扇与热敏开关线束的连接插头，如图 5－19 所示。

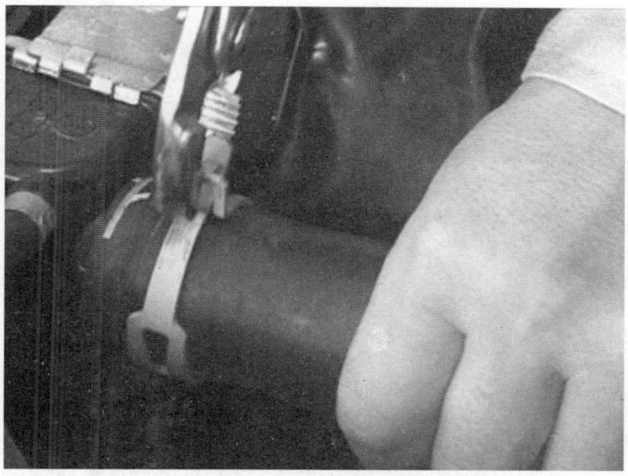

图 5-18 拆卸上水管

图 5-19 拔出线束插头

注意：在拔出电动风扇时手指需要先按压插头部位的锁销，然后水平取出插头。

3）拆卸散热器固定螺栓

用 10 mm 套筒与棘轮扳手配合，拆卸散热器的两颗固定螺栓，拆卸后向上取出带集风罩的散热器总成，如图 5-20 所示。

4）分离集风罩总成

将带集风罩的散热器总成放置在平整的工作台上，用 10 mm 套筒、接杆与棘轮扳手配合，拆卸集风罩的 5 个固定螺栓，如图 5-21 所示。将集风罩与散热器总成分离。

图 5-20 拆卸散热器固定螺栓

图 5-21 分离集风罩总成

5. 散热器的检修

1）散热器的清洗

散热器在使用过程中，会因腐蚀和积垢等原因影响冷却效果。清洗散热器，去除水垢，是恢复散热器的散热能力的有效方法。清洗水垢采用化学法，即利用酸或碱类物质与水垢的化学反应，生成可溶于水的物质将水垢清除。清洗时，最好采用循环法，即先用酸性溶液洗涤，再用碱性溶液冲洗中和。将除垢剂以一定的压力（一般为 10 kPa）在气缸体水套或散热器内循环，一般经3～5 min后即可清洗完毕。

2）散热器渗漏的检测

检查散热器各部位应无破损、腐蚀及漏液等现象，如图 5-23 所示。

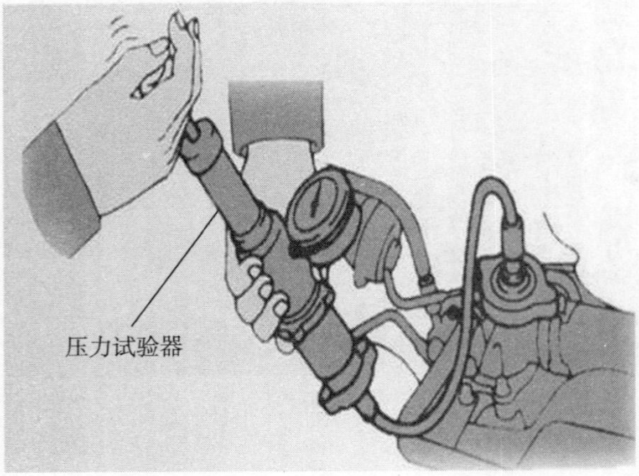

图 5-22　散热器以及冷却水道检测

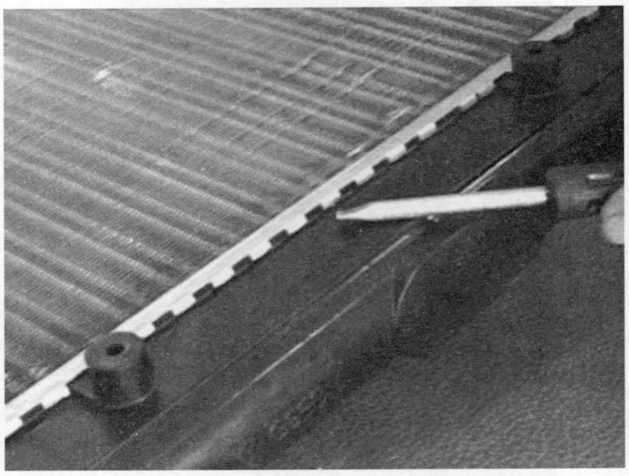

图 5-23　检查散热器

二、制定方案

根据情境导入中的案例，需要拆装和检修散热器。教师在组织教学的过程中，根据大众桑塔纳散热器拆装与检修方案，让学生从实训中掌握散热器拆装与检修的方法，如表 5-9 所示。

表 5-9　大众桑塔纳散热器拆装与检修方案表

	大众桑塔纳散热器拆装与检修方案	
车辆信息描述	车辆描述	大众桑塔纳，AFE 发动机，行驶里程 35 万 km，出厂时间：2005 年 6 月
	故障现象	车辆发动机水温过高
设备/工具/耗材	大众桑塔纳乘用车一辆（或带散热风扇的散热器总成一只），10 mm 梅花扳手，棘轮扳手，可调扭力扳手，接杆，鲤鱼钳，10 mm 套筒，13 mm 套筒，一字螺丝刀，工作灯，抹布	
安全要求及注意事项	1. 拆卸水管时，注意鲤鱼钳的使用方法，避免损坏水管； 2. 拆卸回水管时，确认卡箍已经完全松开后，才能拔出回水管； 3. 拆卸风扇插头线束，先用手按压锁销再拔出插头； 4. 安放散热器的过程中注意保护散热片，不要受到碰撞； 5. 散热器的下端摆放，必须完全水平放置在前横梁上； 6. 拧紧散热器固定支架上的 2 个螺栓，拧紧扭矩为 10 N·m	
工作步骤	1. 散热器的上、下水管及回水管； 2. 风扇电机与热敏开关的连接插头； 3. 拆卸散热器固定螺栓； 4. 取出散热器总成，进行检测	

教师对学生进行分组，每组选出一个小组长，小组长根据小组成员任务分工不同，确定不同任务的责任人。小组成员任务的划分可以参考下面的小组任务分配表，如表 5-10 所示。

表 5-10　小组任务分配表

	小组任务	个人职责(任务)	小组成员
1	任务前期准备工作	准备该任务的设备、工具、耗材	
2	水管的拆卸	拆卸散热器的上、下水管及回水管等	
3	线束连接器的拆卸	拆卸电机与热敏开关的线束连接插头	
4	取出散热器	拆卸散热器固定螺栓,取出散热器总成并进行检查	

实训中如果没有该车型,可以参考大众桑塔纳散热器拆装与检修方案和维修手册,制定该车型散热器拆装与检修方案,如表 5-11 所示。

表 5-11　散热器拆装与检修方案表

	________乘用车散热器拆装与检修方案	
车辆信息描述	车辆描述	
	故障现象	
设备/工具/耗材		
安全要求及 注意事项		
工作步骤		

三、实施

依据制定方案实施，并填写项目单，如表 5－12 所示。

表 5－12　实训结果项目表

如何拆卸上水管?		如何拆卸回水管?	
如何拆卸风扇线束插头?		如何拆卸热敏开关线束插头?	
如何安装散热器的固定螺栓?		散热器是否破损渗漏?	

四、作业

1. 通过实训后完善本任务的实施方案。

2. 请在表 5－13 内填写散热器各部分的名称。

表 5－13　散热器

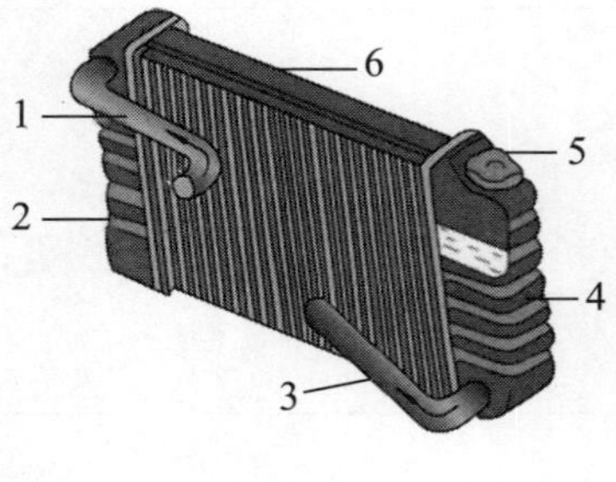	1.
	2.
	3.
	4.
	5.
	6.

项目 4　检修水泵及节温器

一、知识链接

1. 水泵

水泵的作用是对冷却水加压，使之在冷却系统中循环流动。汽车上广泛使用离心式水泵。它具有结构紧凑、泵水量大及因故障而停止工作时，不妨碍水在冷却系统内部自然循环等优点。大众桑塔纳水泵如图 5－24 所示。

水泵的动力是曲轴皮带轮经 V 带传至风扇带轮，再通过凸缘带动水泵轴和水泵叶轮转动。

图 5-24 大众桑塔纳水泵实物图

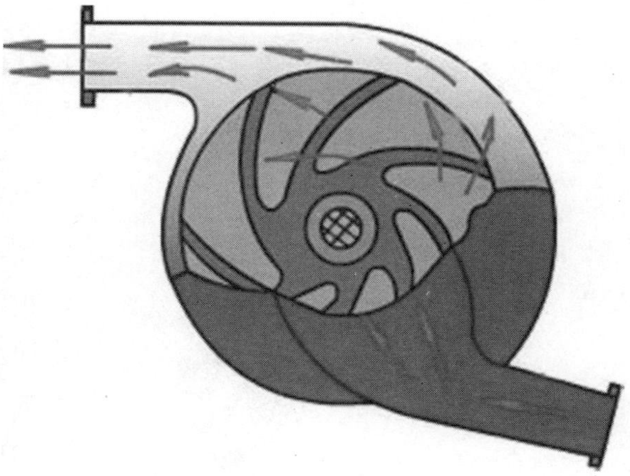

图 5-25 离心式水泵工作原理

离心式水泵工作原理，如图 5-25 所示。当叶轮旋转时，水泵中的水被叶轮带动一起旋转，在离心力作用下，水被甩向叶轮边缘，然后经外壳上与叶轮成切线方向的出水管压送到发动机水套内。与此同时，叶轮中心处的压力降低，散热器中的水便经进水管被吸进叶轮中心部分。

离心式水泵的优点：结构简单、体积小、出水量大、结构简单和维修方便。另外，当水泵由于故障而停止工作时，也并不妨碍冷却水在冷却系统内的自然循环。

2. 节温器

1）蜡式节温器

目前，大多数发动机采用蜡式节温器，其安装于缸盖出水口处，用来控制冷却水通往散热器的流量。

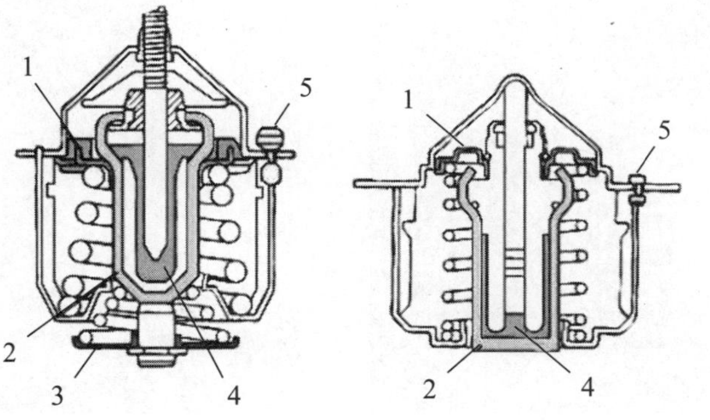

1—主阀；2—缸体；3—旁通阀；4—石蜡；5—跳阀

图 5-26 蜡式节温器

蜡式节温器的构造如图 5-26 所示。推杆的上端固定于支架，下端插入橡胶套的中心孔内。橡胶套与节温器外壳之间的环形内腔装有石蜡。节温器外壳下端套装有主阀门，上端套装有副阀门，弹簧位于主阀门与支架下底之间。

当冷却水温度低于 349 K(76℃)时，石蜡为固体，在弹簧的作用下，节温器外壳处于最下端位置，此时主阀门关闭，副阀门打开。来自发动机缸盖出水口的冷却水从副阀门进入小循环软管，经水泵又流回水套中。当发动机冷却水温度达到 349 K(76℃)时，石蜡逐渐变成液态，体积膨胀而产生推力。由于节温器外壳为刚性件，石蜡迫使胶管收缩而对推杆锥状端头产生推力。因推杆固定

图 5－27　大众桑塔纳蜡式节温器安装位置

于支架不能移动，其反推力迫使胶管、节温器外壳上移。这时，主阀门开始打开，有部分冷却水经主阀门进入散热器散热。

2）节温器的安装位置

大众桑塔纳发动机的蜡式节温器安装于水泵下部，如图 5－27 所示。小循环水泵进水口通过软管与缸盖出水口相通，水泵主进水管通过软管与散热器下水室相通。当冷却水温度低于 358 K（85℃）时，节温器阀门不打开，冷却水只能进行小循环。当冷却水温度高于 358 K（85℃）时，节温器阀门开始打开，冷却水大、小循环都进行。当冷却水温度达到 378 K（105℃）时，节温器阀门全部打开，只进行大循环。

3. 水泵的拆装方法

1）拆卸发电机总成

拆卸发电机线束及支架，如图 5－28 所示。用 13 mm 套筒、棘轮扳手先拧下发电机电枢线的固定螺母，在用 8 mm 套筒结合棘轮扳手，拧下充电指示灯线的固定螺母；使用 13 mm 套筒结合棘轮扳手依次拧松发电机皮带张紧调整螺栓，发电机张紧支架的固定螺栓。使用 6 mm 内六角套筒结合棘轮扳手，拧下发电机下固定螺栓后，取下发电机总成，如图 5－29 所示。

图 5－28　拆卸发电机线束及支架

图 5－29　拆卸发电机总成

2）拆卸转向助力泵

使用 13 mm 套筒结合棘轮扳手与 13 mm 梅花扳手，拧松转向助力泵铰链螺栓的固定螺母，如图 5－30 所示。再拆卸前支架的固定螺母、螺栓。拆去转向助力泵驱动皮带，用13 mm 套筒结合棘轮扳手拆去后支架、固定螺母、螺栓，拆下转向助力泵，并用铁丝固定在车身上，如图 5－31 所示。

3）拆卸转向助力泵支架

分别用 13 mm 套筒、6 mm 内六角套筒结合 L 型扳手，拆卸转向助力泵支架的固定螺栓，如图 5 -32 所示。全部拆完后，取下转向助力泵支架。用 10 mm 套筒结合棘轮扳手，拧松正时室罩与水泵的固定螺母，如图 5－33 所示。拧松后拆下。

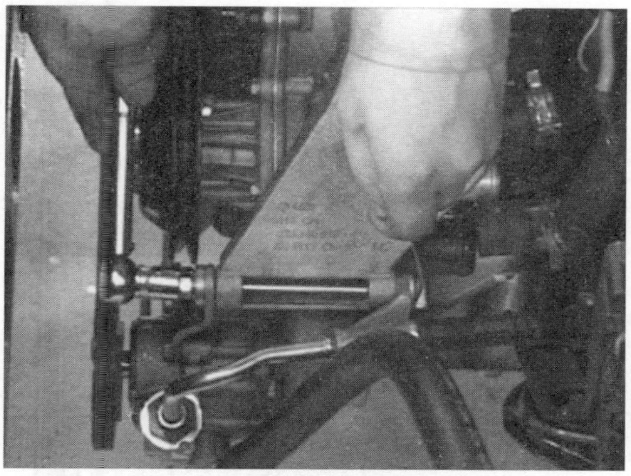
图 5－30 拆卸助力泵支架螺栓

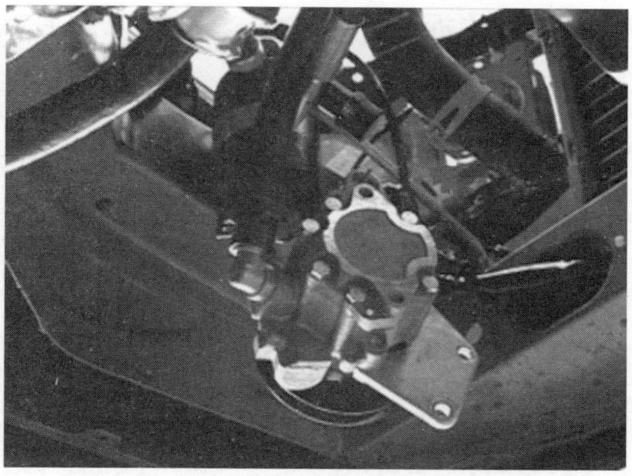
图 5－31 拆卸转向助力泵

图 5－32 拆卸转向助力泵支架

图 5－33 拧松正时室罩与水泵的固定螺母

4）拆卸水泵

用鲤鱼钳分别松开水泵的上中下水管的卡箍，如图 5－34 所示。全部松开后，拔出水管。用 13 mm 套筒、接杆结合棘轮扳手，拆卸水泵固定螺栓，如图 5－35 所示。拆卸后，取下水泵总成。

图 5－34 拆卸水泵水管

图 5－35 拆卸水泵固定螺栓

4. 节温器的拆装

用 10 mm 套筒结合棘轮扳手，拆卸节温器盖上的 2 个固定螺栓，如图 5－36 所示。取下节温器盖，依次取出节温器与密封圈，如图 5－37 所示。

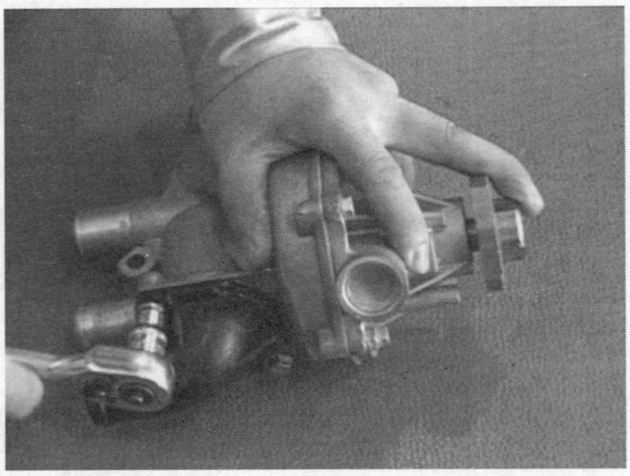

图 5－36　拆卸节温器盖螺栓

图 5－37　取出节温器

5. 水泵的检修

水泵的常见损伤有：泵壳裂纹，叶轮松脱或损坏，泵轴磨损或变形，水封损坏和轴承磨损等。

1）水泵壳体及密封圈的检测

水泵壳体及密封圈的检测，如图 5－38 所示。

水泵壳体的检修：检查泵壳和带轮有无损伤。泵壳裂纹可进行焊接或更换。当壳与盖接合面变形大于 0.05 mm，应予以修平。轴承座孔由于压入、压出轴承使座孔磨损，可用镶套的方法修复或更换。

水封装置的检查：水泵泄水孔漏水，则为水封密封不严。若胶质水封磨损或变形应更换，水封密封圈可翻面使用。

2）水泵轴的检修

水泵轴的检修，如图 5－39 所示。检查水泵轴有无弯曲和轴颈的磨损程度，轴端螺纹有无损坏。当水泵轴弯曲大于 0.05 mm，应冷压校正；如轴颈磨损严重，应予以更换。

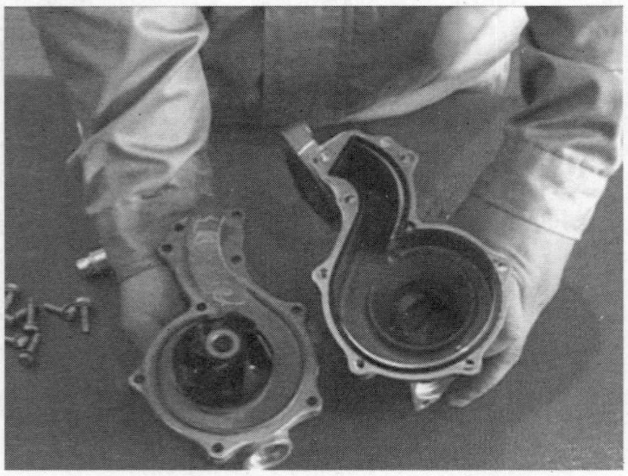

图 5－38　水泵壳体及密封圈的检测

图 5－39　水泵轴的检修

3）水泵叶轮的检修

水泵叶轮的检修，如图 5－40 所示。检查水泵叶轮的叶片有无破损，叶轮上的轴孔与轴的配合是否松旷。如叶片破损，应予以焊修或更换。

6. 节温器的检修

节温器的测试，如图 5－41 所示。节温器的常见故障有：主阀门开启和全开的温度过高，甚至不能开启；节温器关闭不严。前者将造成冷却水不能有效地进行大循环，致使发动机过热；后者将造成发动机升温缓慢，发动机过冷。此外，随着节温器性能逐渐衰退，主阀门的开度将逐渐减小，造成进入大循环的冷却水流量减少，冷却系统将逐渐过热。

图 5－40　水泵叶轮的检修

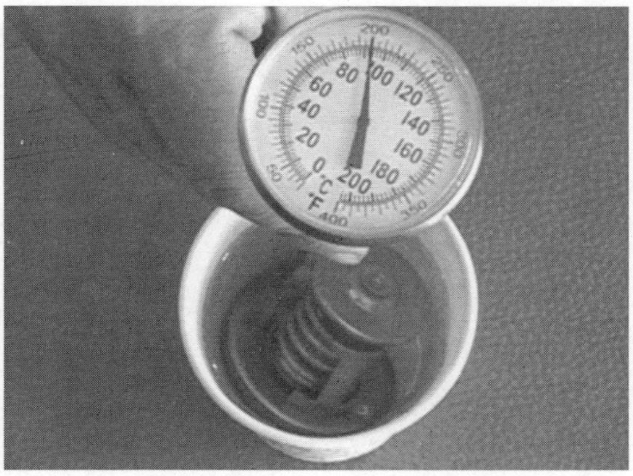

图 5－41　节温器的测试

检查时，检查主阀门开始开启和完全开启时的温度，以及全开时主阀门的升程。当水温为(87±2)℃时，节温器阀门开始开启，在温度上升至(102±3)℃时，节温器阀门应全部开启，其升程应不小于7 mm，否则应予以更换。节温器的性能检验若不符合上述要求时，一般应予以更换。

二、制定方案

根据情境导入中的案例，需要对水泵及节温器进行检修。教师在组织教学的过程中，根据大众桑塔纳水泵及节温器检修方案，让学生从实训中掌握水泵及节温器的检修方法，如表 5－14 所示。

表 5－14　大众桑塔纳水泵及节温器检修方案表

	大众桑塔纳水泵及节温器检修方案	
车辆信息描述	车辆描述	大众桑塔纳，AFE 发动机，行驶里程 35 万 km，出厂时间：2003 年 6 月
	故障现象	车辆发动机水温过高
设备/工具/耗材	大众桑塔纳乘用车一辆，常用工具，发动机润滑油压力表，开口扳手，抹布	
安全要求及注意事项	1. 检查发动机润滑油泵齿轮啮合间隙时注意塞尺的测量位置； 2. 发动机润滑油泵外观检查时注意仔细检查发动机润滑油泵壳体应无破裂、损伤，泵轴应无弯曲、变形，齿轮应无磨损、损伤； 3. 安装发动机润滑油泵时注意发动机润滑油泵螺栓的拧紧力矩为 20 N·m； 4. 安装油底壳时注意在衬垫及接合面涂抹密封胶； 5. 安装油底壳螺栓时注意均匀对角拧紧，拧紧力矩为 20 N·m	

(续表)

	大众桑塔纳水泵及节温器检测方案
工作步骤	1. 拆卸水泵； 2. 拆卸节温器； 3. 检测水泵； 4. 检测节温器； 5. 安装节温器； 6. 安装水泵

教师对学生进行分组，每组选出一个小组长，小组长根据小组成员任务分工不同，确定不同任务的责任人。小组成员任务的划分可以参考下面的小组任务分配表，如表 5－15 所示。

表 5－15　小组任务分配表

	小组任务	个人职责(任务)	小组成员
1	任务前期准备工作	准备该任务的设备、工具、耗材	
2	拆卸水泵	拧松水泵固螺栓，拆下水泵并检测	
3	拆解并检测节温器	在水泵总成中拆下节温器，并对节温器加热检查开启状态	
4	安装水泵	讲节温器装入水泵，并将水泵总成安装复位	

实训中如果没有该车型，可以参考大众桑塔纳水泵及节温器的检修方案和维修手册，制定该车型水泵及节温器检修方案，如表 5－16 所示。

表 5－16　水泵及节温器检修方案表

	________乘用车水泵及节温器检修方案	
车辆信息描述	车辆描述	
	故障现象	
设备/工具/耗材		
安全要求及注意事项		
工作步骤		

三、实施

依据制定方案实施，并填写项目单，如表 5－17 所示。

表 5－17　实训结果项目表

水泵的安装位置		水泵轴有无磨损？	
水泵叶片有无损坏？		水泵油封是否渗漏？	
节温器的安装位置		节温器的开启温度	

四、作业

1. 通过实训后完善本任务的实施方案。

2. 请在表 5－18 内填写节温器各部件的名称。

表 5－18　节温器

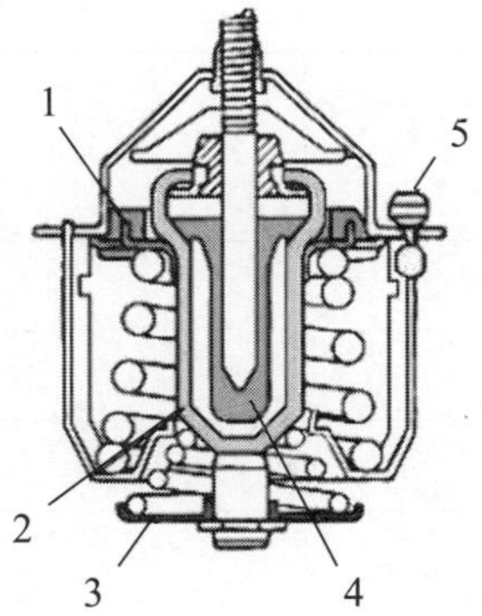	1.
	2.
	3.
	4.
	5.

检查与评估

1. 学生自我检查

学生通过对本任务的学习，独立结合实训车辆填写学习情况检查表（表 5－19），以检测自己对本任务的掌握情况。

表 5-19　学习情况检查表

	下列说法正确的画“√”，错误的画“×”	
1	大众桑塔纳乘用车测量泄漏前，冷却系统不需要泄压	
2	可以在车辆发动时连接加压器	
3	连接加压器后，可以一直不停的加压，直至看到泄漏部位放停止	
4	风扇一般安装在散热器后面，并与水泵同轴。风扇的作用是提高流经散热器的空气流速和流量，以增强散热器的散热能力	
5	不允许在发动机热状态下开启散热器盖，应等系统温度降到 50℃以下时才打开，以免被喷出的热水和蒸汽烫伤	
6	膨胀水箱的作用是把冷却系统变成永久封闭系统，减少了冷却液的损失，避免空气不断地进入，在系统内造成氧化、穴蚀、使冷却系统中水、气分离，保持系统内压力稳定，提高水泵的泵水量	
7	散热风扇在车里发动机运转后就一直处于工作状态	
8	汽车上广泛使用离心式水泵，它具有结构紧凑、泵水量大及因故障而停止工作时，不妨碍水在冷却系统内部自然循环等优点	
9	大众桑塔纳发动机的蜡式节温器安装于水泵下部	
10	在温度上升至(102±3)℃时，节温器阀门应全部开启，其升程应不小于 7 mm	

2. 指导教师评估

指导老师在整个教学过程中，关注每个活动小组的工作过程以及小组成员的动手能力，并对小组成员的动手能力进行考核，如表 5-20 所示。

表 5-20　指导教师评估表

	考核量化指标	分值(总分)	学生得分
1	能够掌握冷却系统泄漏的具体检测部位	10	
2	能够掌握加压器的使用方法及加压数据	10	
3	能够完成散热风扇的拆装与检测	10	
4	能够完成散热器的拆装	10	
5	能够完成散热器的检测	10	
6	能够完成发电机的拆装	10	
7	能够完成转向助力泵的拆装	10	
8	能够完成水泵的拆装	10	
9	能够完成水泵的检测	10	
10	能够完成节温器的检测	10	
总计			

学习情境6 发动机总成故障诊断与维修

学习目标

1. 能够从车上将发动机和变速器总成一起拆下；
2. 能够将发动机和变速器总成一起安装到车上

情境导入

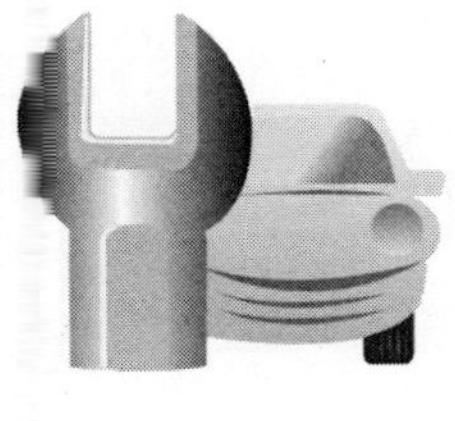

车　　型： 大众桑塔纳，AFE发动机；
行驶里程： 65万km；
出厂时间： 2003年6月。
故障现象：

一辆大众桑塔纳车辆，在30万km时经历了一次大修，但目前车辆又故障频出，经检查发现发动机磨损严重，且变速器也经常发生故障，经估算维修费用很高，要更换很多配件，最终客户决定自费更换发动机和变速器总成

任务　拆装发动机总成

任务描述

一、学习目标

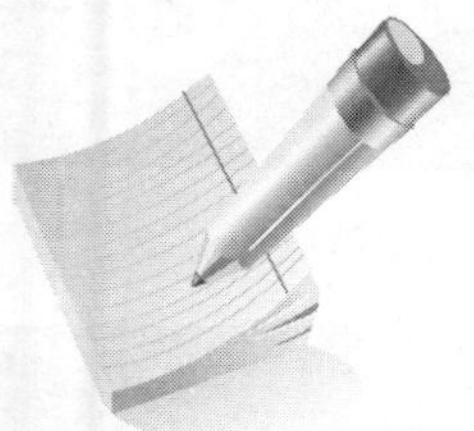

1. 能够正确规范地拆下发动机和变速器总成；
2. 能够正确规范地安装发动机和变速器总成；
3. 能够正确地使用拆装发动机总成的工具

二、学习内容

1. 发动机和变速器一起从发动机舱内向下拆出的方法；
2. 发动机舱内线束、管路、附件与发动机的分离；
3. 发动机与车身的分离；
4. 将发动机和变速器一起从发动机舱下面安装到发动机舱内的方法

项目1　从车辆上方分离及拆卸发动机舱内零部件

一、知识链接

1. 拆卸前准备工作

准备好相应的拆装工具及容器，将车辆停放到工位上，将举升机的四个顶角摆放到正确位置，以便举升车辆，如图6-1所示。安装翼子板布，泄除燃油系统压力，将车辆熄火，暖风开关拨至最右端，断开蓄电池负极电缆、正极固定夹及正极线，如图6-2所示。

2. 拆装散热器及膨胀水壶

旋下膨胀水壶盖，将干净的容器放置在散热器下水管的下方，用鲤鱼钳夹松散热器下水管的夹箍，拔下散热器下水管，放出发动机冷却液，如图6-3所示。待冷却液排放干净后夹松散热器上水管夹箍，拔下上水管，拆下膨胀水壶至散热器的溢流管，如图6-4所示。

图 6-1　停放车辆

图 6-2　断开蓄电池电缆

图 6-3　拆下散热器下水管

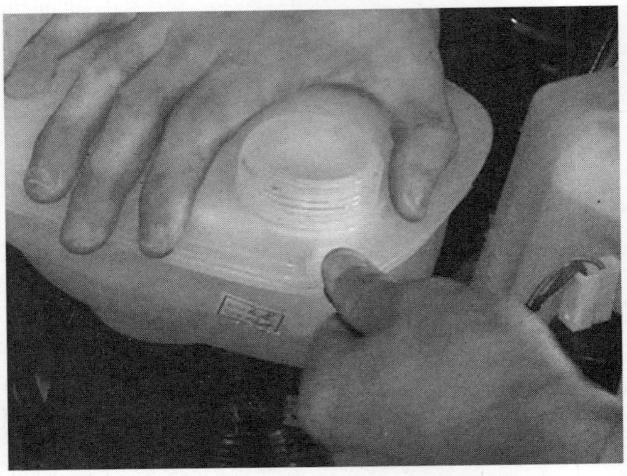

图 6-4　拆下溢流管

拔下膨胀水壶上的液位传感器插头、拔下冷却风扇线束插头，拔下散热器上热敏开关插头，拆卸散热器支架，拆卸散热器，如图 6-5 所示。拆下膨胀水壶下水管，拆下膨胀水壶，如图 6-6 所示。

图 6-5　拆下散热器

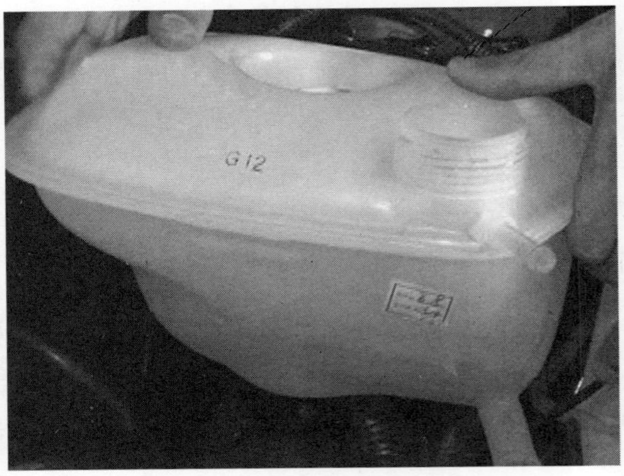

图 6-6　拆下膨胀水壶

3. 拆卸空气滤清器罩壳及节气门体上的软管

松开空气滤清器盖固定卡子，拧松固定在节气门体上的软管卡箍，拆下空气滤清器罩及软管，如图6－7所示。从空气滤清器上分离活性炭罐电磁阀，拆下空气滤清器下壳，如图6－8所示。

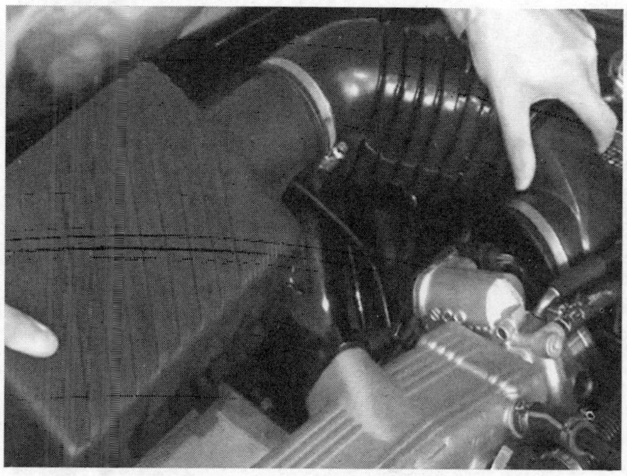

图6－7　拆下空气滤清器罩

图6－8　拆下空气滤清器下壳

拆下节气门体上通往活性炭罐电磁阀的真空管，如图6－9所示。拆下节气门体上水管，如图6－10所示，再拆下节气门体下水管。

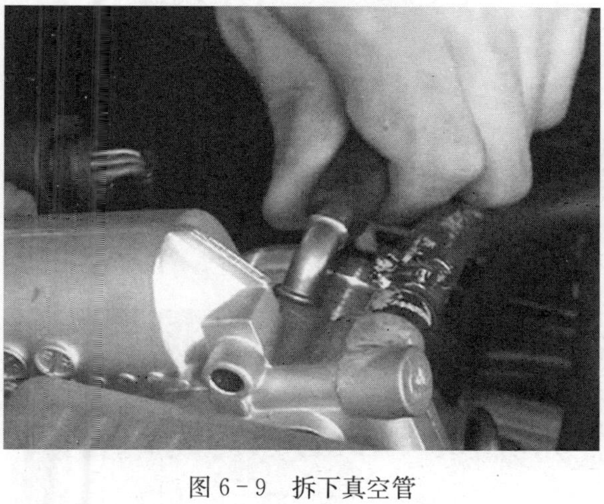

图6－9　拆下真空管

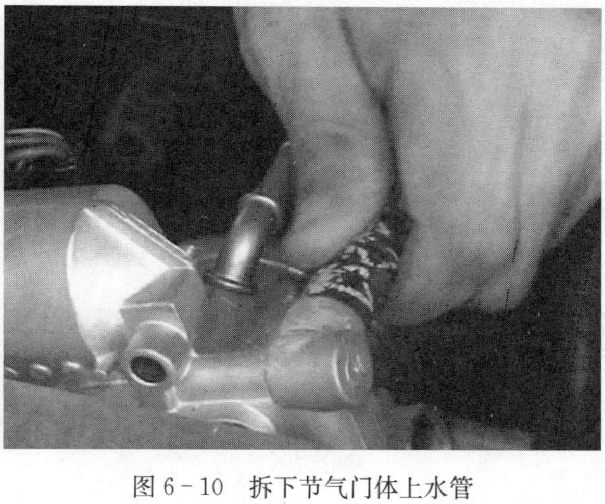

图6－10　拆下节气门体上水管

4. 拔开并分离燃油软管、通风管及真空管

用鲤鱼钳松开燃油进油管和回油管夹箍，慢慢拔下供油管和回油管，如图6－11所示。注意铺好抹布吸收溢出的油液，并封闭供油管和回油管，将燃油软管和发动机分开，拆卸连接进气歧管与气门室罩的通风管，如图6－12所示。

拆下连接气门室罩和曲轴箱的强制通风管，如图6－13所示。将控制空调的真空软管和通往真空助力器的软管分离，拔下真空助力器上的真空管，如图6－14所示。

5. 分离发动机舱内的线束插头

拔下节气门体插头，拔下进气温度及压力传感器线束插头，如图6－15所示。拔下氧传感器线束插头，拔下起动机控制线束插头，分离起动机启动电机线束，如图6－16所示。

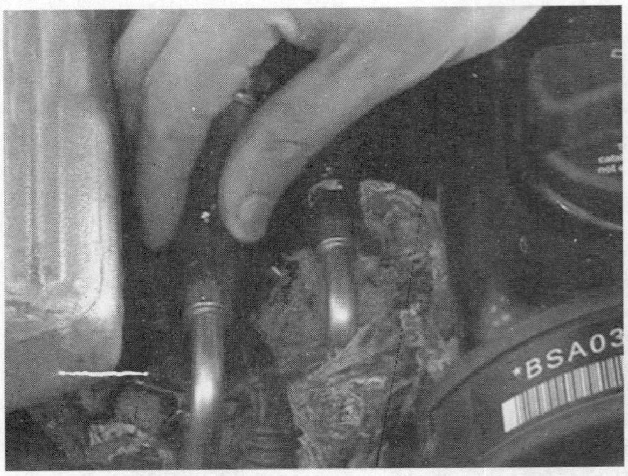

图 6 - 11　拔下进油管和回油管

图 6 - 12　拆卸通风管

图 6 - 13　拆下曲轴箱通风管

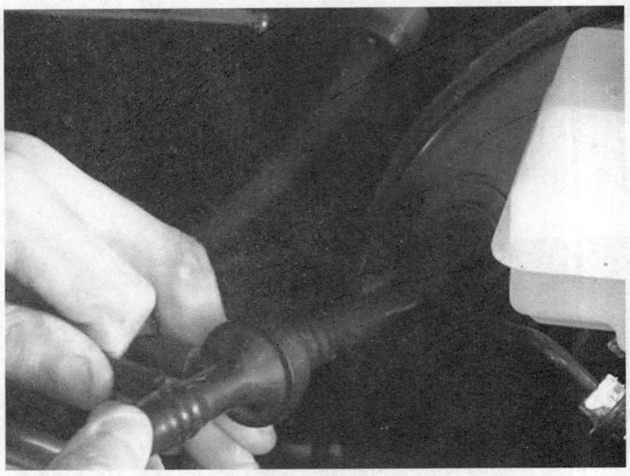

图 6 - 14　分离真空管

图 6 - 15　拔下进气压力及温度传感器插头

图 6 - 16　拔下启动机电机线束插头

拔下凸轮轴位置传感器插头，如图 6 - 17 所示。拔下 4 个喷油器线束插头，拔下转速传感器插头，拔下冷却液温度传感器插头，拔下点火线圈插头，拔下发动机润滑油压力开关线束插头，如图 6 - 18 所示。

拔下车速传感器插头，如图 6 - 19 所示。拔下爆震传感器插头，拔下倒车灯开关插头，拆下气门室罩上的车身搭铁线，如图 6 - 20 所示。

图 6 - 17　拔下凸轮轴位置传感器插头

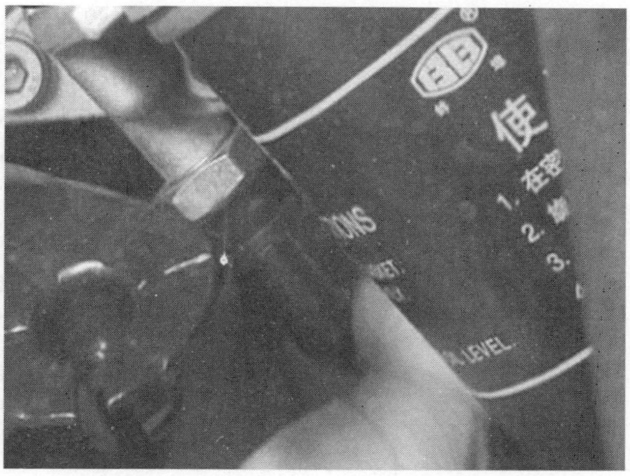

图 6 - 18　拔下发动机润滑油压力开关插头

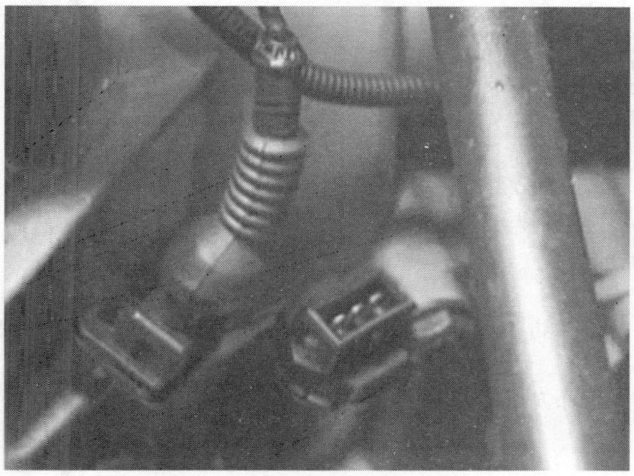

图 6 - 19　拔下车速传感器插头

图 6 - 20　拆下气门室罩上的搭铁线

6. 拔开暖风水管及离合器总泵上油管

用鲤鱼钳夹松两根暖风水管的卡子，拔下两根暖风水管，如图 6 - 21 所示。拔下离合器总泵上油管接头卡子。注意制动液具有毒性和腐蚀性，会损坏油漆，所以在拆卸离合器油管前，应在离合器总泵接口下方铺好吸水性能好的抹布。拔下离合器油管，如图 6 - 22 所示，并封闭油管，以免弄脏油液。

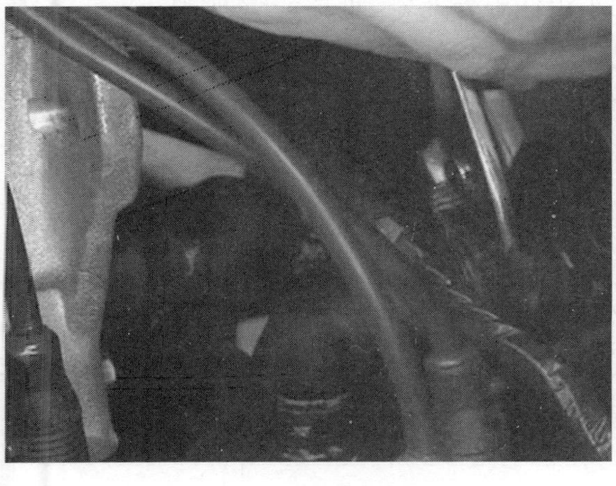

图 6 - 21　拔下两根暖风水管

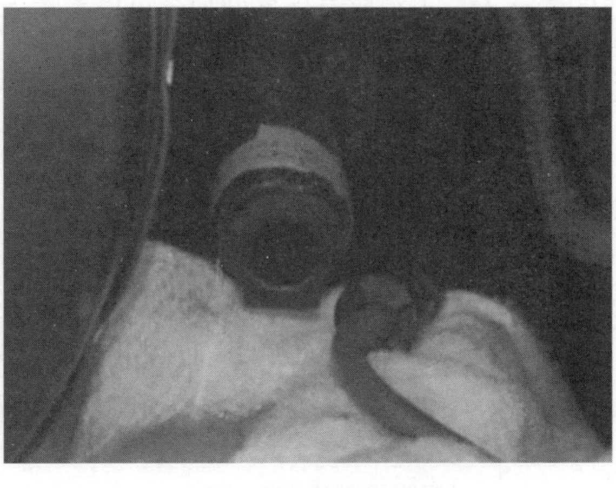

图 6 - 22　拔下离合器油管

二、制定方案

根据情境导入中的案例，需要从车辆上方对发动机舱内零部件进行分离及拆卸。教师在组织教学的过程中，根据从车辆上方分离及拆卸大众桑塔纳发动机舱内零部件方案，让学生从实训中掌握从车辆上方分离及拆卸发动机舱内零部件的方法，如表 6－1 所示。

表 6－1　从车辆上方分离及拆卸大众桑塔纳发动机舱内零部件方案表

	从车辆上方分离及拆卸大众桑塔纳发动机舱内零部件方案	
车辆信息描述	车辆描述	大众桑塔纳，AFE 发动机，行驶里程 65 万 km，出厂时间：2003 年 6 月
	故障现象	发动机内部磨损严重，客户自费更换发动机总成
设备/工具/耗材	大众桑塔纳乘用车一辆，开口扳手，梅花扳手，套筒，棘轮扳手，接杆，扭力扳手，鲤鱼钳，专用拉马，剪刀，工作台，抹布，塑料扎带，翼子板布	
安全要求及注意事项	1. 将车辆举升后注意将举升机锁止好，注意车辆及人身安全； 2. 拆卸前要注意将燃油压力泄掉，因为要分离燃油管路； 3. 拆卸前要先将车辆熄火，再断开蓄电池电缆； 4. 拆卸散热器前要将防冻液排放干净； 5. 在拔开线束插头时注意要按下插头的锁销再拔下插头，不能用手直接拉拽线束，否则会损坏线束及插头； 6. 拔开燃油管路及离合器油管时注意用抹布塞住管路接口，以免污染油液	
工作步骤	1. 将车辆停至工位，做拆卸前的准备工作； 2. 拆卸散热器及膨胀水壶组件； 3. 拆卸空气滤清器罩壳及节气门体上的软管组件； 4. 拔开并分离燃油软管、通风管及真空管组件； 5. 分离发动机舱内的线束插头； 6. 拔开暖风水管及离合器总泵上油管组件	

教师对学生进行分组，每组选出一名小组长，小组长根据小组成员任务分工不同，确定不同任务的责任人。小组成员任务的划分可以参考下面的小组任务分配表，如表 6－2 所示。

表 6－2　小组任务分配表

	小组任务	个人职责（任务）	小组成员
1	任务前期准备工作	准备该任务的设备、工具、耗材	
2	拆卸散热器及膨胀水壶组件	排放防冻液，拆卸散热器上水管及下水管，拆卸溢流管、拆卸膨胀水壶下水管，拆卸膨胀水壶	
3	拆卸空气滤清器罩壳及节气门体上的软管组件	拆卸空气滤清器罩，拆卸空气滤清器壳，拆卸节气门体上的软管	
4	拔开并分离燃油软管、通风管及真空管组件	拔开燃油供油管和回油管，拆卸通风管，拔开真空管	

（续表）

	小组任务	个人职责(任务)	小组成员
5	分离发动机舱内的线束插头	拔下节气门体插头、进气温度传感器插头、凸轮轴位置传感器插头、喷油器插头、启动机电机线束插头、爆震传感器插头、氧传感器插头、转速传感器插头、车速传感器插头、发动机润滑油压力开关插头、倒车灯开关插头及搭铁线	
6	拔开暖风水管及离合器总泵上油管组件	拔开两根暖风水管，拔开离合器总泵上油管	

实训中如果没有该车型，可以参考从车辆上方分离和拆卸大众桑塔纳发动机舱内零部件方案和维修手册，制定该车型从车辆上方分离和拆卸大众桑塔纳发动机舱内零部件方案，如表 6－3 所示。

表 6－3　从车辆上方分离和拆卸大众桑塔纳发动机舱内零部件方案表

	________乘用车从车辆上方分离和拆卸大众桑塔纳发动机舱内零部件方案	
车辆信息描述	车辆描述	
	故障现象	
设备/工具/耗材		
安全要求及注意事项		
工作步骤		

三、实施

依据制定方案实施，并填写项目单，如表 6－4 所示。

表 6-4 实训结果项目表

散热器及膨胀水壶是否正确的拆卸?		空气滤清器组件是否已拆下?	
线束插头是否都已拔下?		离合器总泵上油管是否已拆下?	
燃油管路及真空管是否已顺利拆下?		暖风水管是否已拔下?	

四、作业

1. 通过实训后完善本任务的实施方案。

2. 拆卸发动机总成还有哪些方法?请简述。

项目 2 从车辆下方分离及拆卸发动机舱下方零部件

一、知识链接

1. 拆卸轮胎及制动钳组件

用一字螺丝刀撬下轮毂装饰盖,如图 6-23 所示。拧松左右前轮轮胎固定螺栓,举升车辆至合适高度,将两前轮轮胎拆下,放在小推车或轮胎架上,如图 6-24 所示。

图 6-23 拆卸轮毂装饰盖

图 6-24 放置轮胎

用棘轮扳手拧松制动钳螺栓，如图 6－25 所示。拆下制动钳，用铁丝挂在车身上，如图 6－26 所示。注意不要损坏制动软管，再拆下两个轮胎的两对制动片。

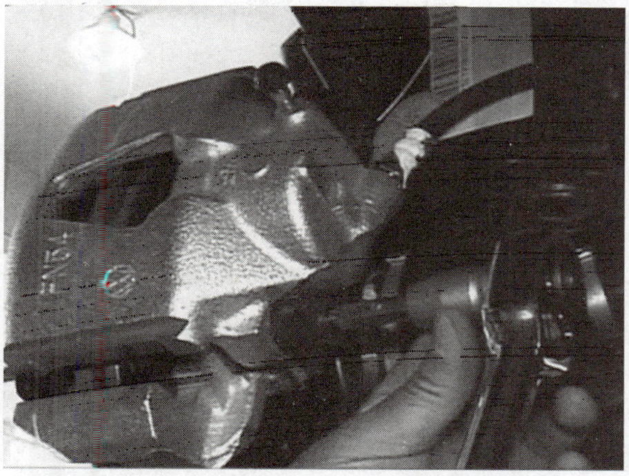

图 6－25　拧松制动钳固定螺栓

图 6－26　拆下制动钳

2. 分离横拉杆外球头及氧传感器线束插头

用专用拉马将横拉杆球头与支臂分离，如图 6－27 所示。拔下后氧传感器插头，拆下线束并挂在车身上，如图 6－28 所示。

图 6－27　拆卸横拉杆球头

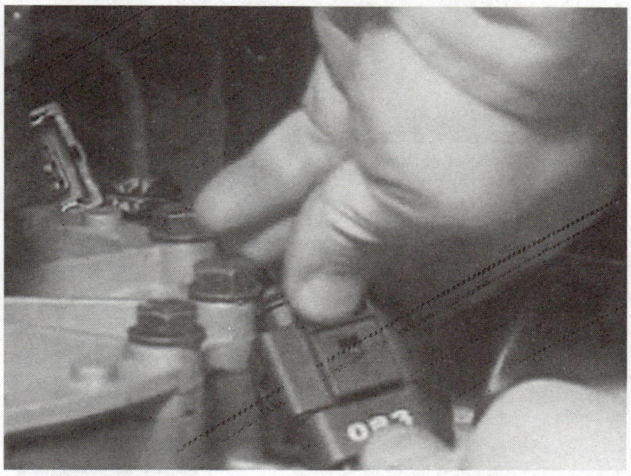

图 6－28　拔下后氧传感器插头

3. 拆卸转向助力泵及空调压缩机组件

拆卸转向助力泵支架固定螺栓，拆下转向助力泵驱动皮带，如图 6－29 所示。拆下转向助力泵，将其挂在车身上，如图 6－30 所示。

用扳手拧松空调压缩机紧固螺栓，拆下空调压缩机驱动皮带，如图 6－31 所示。拔下压缩机控制线束插头，拆下空调压缩机，用铁丝悬挂在车身上，如图 6－32 所示。注意空调管路不得过度扭转或弯曲。

4. 分离排挡杆、离合器块及排气管

拆卸发动机前支撑，拧松排挡杆支撑杆固定螺栓，分离排挡杆，如图 6－33 所示。用扳手旋松离合器块固定螺栓，拆下离合器块，如图 6－34 所示。

图 6－29　拆卸转向助力泵驱动皮带

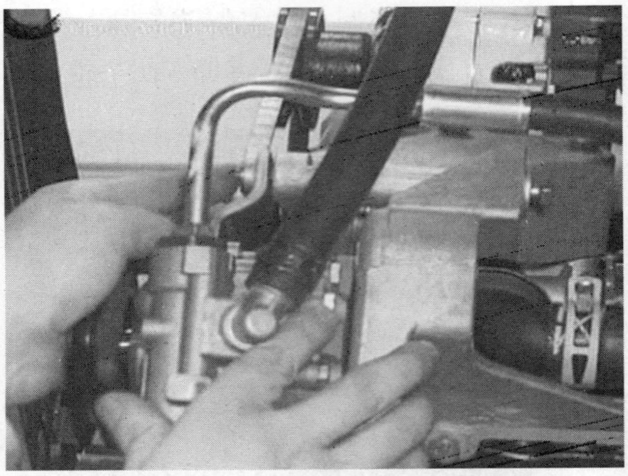

图 6－30　拆卸转向助力泵

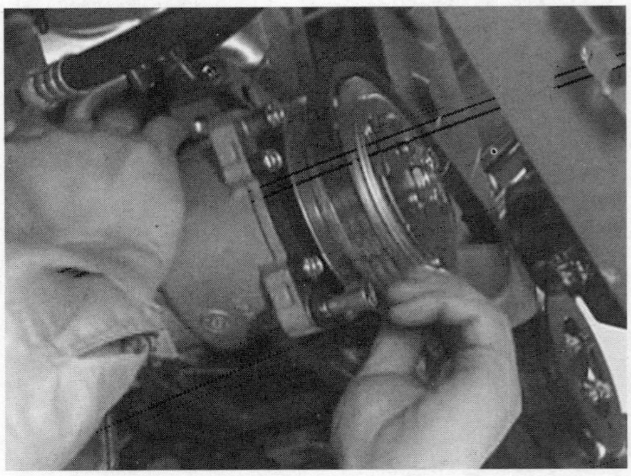

图 6－31　拆卸压缩机皮带

图 6－32　拆卸并悬挂压缩机

图 6－33　分离排挡杆

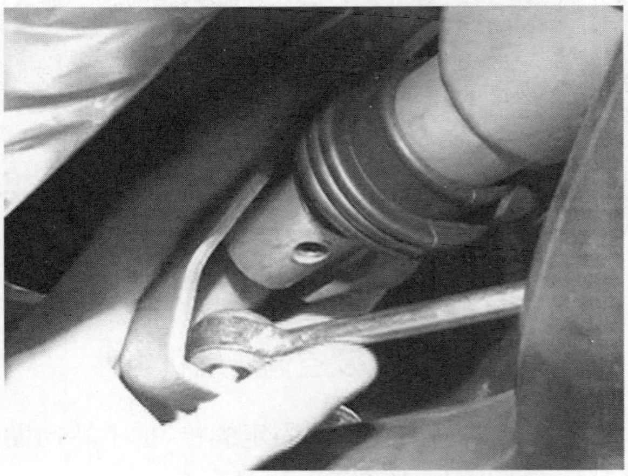

图 6－34　拆下离合器块

用套筒扳手拧松排气管中段接口紧固螺栓，如图 6－35 所示。断开排气管，如图 6－36 所示。

5. 分离发动机总成

用扳手拧松变速器支架的一个固定螺栓，如图 6－37 所示。拧松发动机横梁与车身的 4 个固定螺栓，如图 6－38 所示。

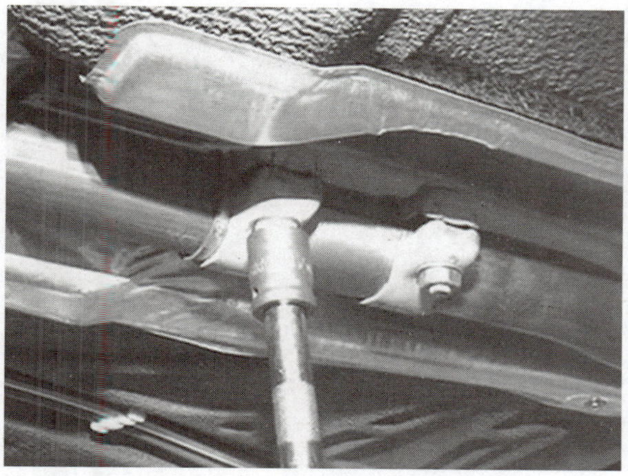

图 6-35　拧松排气管固定螺栓

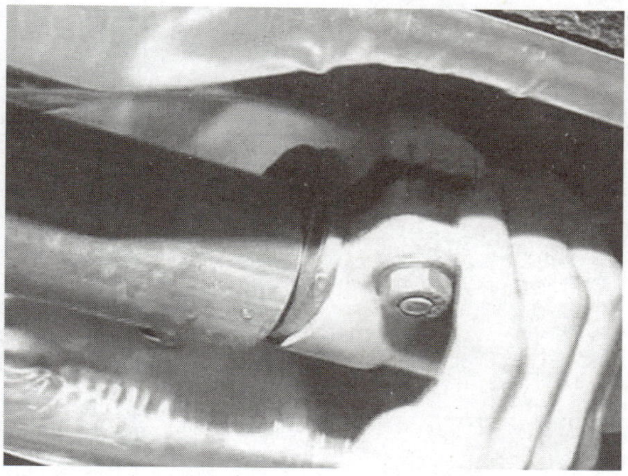

图 6-36　断开排气管

图 6-37　拧松变速器支架螺栓

图 6-38　拧松发动机横梁与车身的固定螺栓

将车落至后轮着地，取下减震器罩盖，拆下减震器紧固螺母，再次举升车辆，举升高度在车辆油底壳刚好高于工作台为宜。将工作台推至发动机下方，为避免油底壳受到挤压，应在工作台上放置木板，如图 6-39 所示。慢慢下降车辆，视发动机横梁轻轻附在工作台的木板上，再拆下已拧松过的变速器支架固定螺栓和发动机横梁与车身的固定螺栓。慢慢推动工作台，调整发动机的位置，以免在举升车辆时，发动机与机舱内的其他部件碰擦。两个人分别调整左右减震器，避免减震器与车身发生碰擦，如图 6-40 所示。

按下举升机按钮，慢慢举升车辆，同时检查发动机上的管路和线束是否完全断开，调整工作台位置，避免进气歧管和机舱室内侧碰擦，确认发动机与机舱室内的部件没有碰擦，管路和线路完全断开后，可按下举升机按钮，将车辆举起，如图 6-41 所示。待车身和发动机彻底分离后将发动机从车下推出，如图 6-42 所示。发动机总成拆卸完毕。

二、制定方案

根据情境导入中的案例，需要从车辆下方对发动机舱下方零部件进行分离及拆卸。教师在组织教学的过程中，根据从车辆下方分离及拆卸大众桑塔纳发动机舱下方零部件方案，让学生从实训中掌握从车辆下方分离及拆卸大众桑塔纳发动机舱下方零部件的方法，如表 6-5 所示。

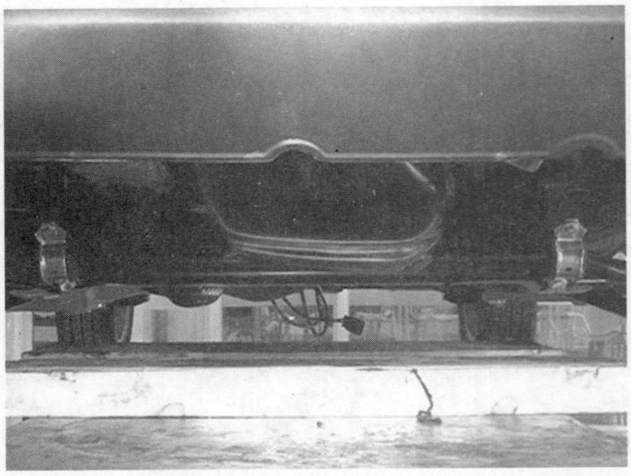

图 6-39　放置工作台

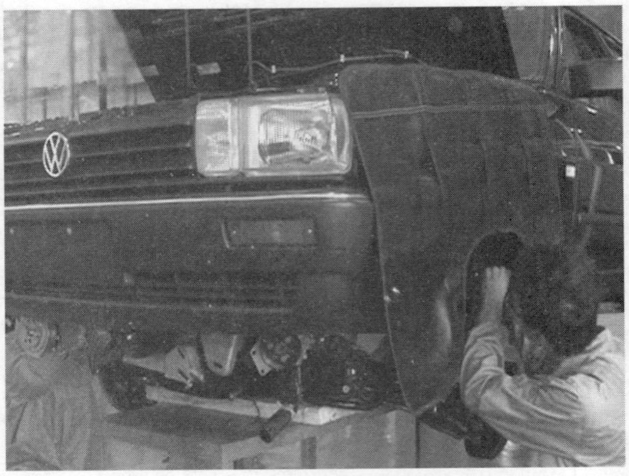

图 6-40　调整发动机位置

图 6-41　举升车辆

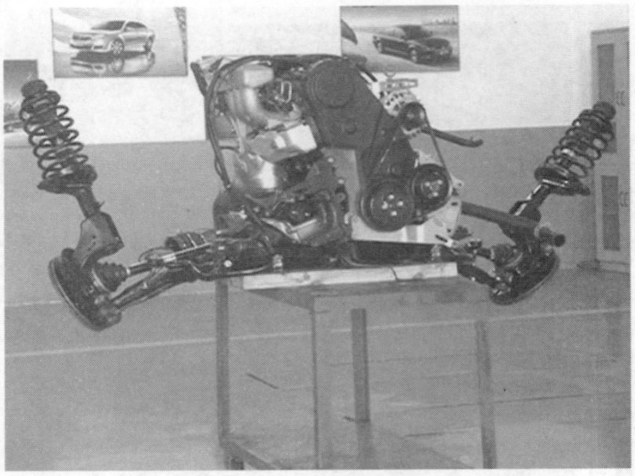

图 6-42　拉出发动机总成

表 6-5　从车辆下方分离及拆卸大众桑塔纳发动机下方零部件方案表

	从车辆下方分离及拆卸大众桑塔纳发动机下方零部件方案	
车辆信息描述	车辆描述	大众桑塔纳,AFE 发动机,行驶里程 65 万 km,出厂时间：2003 年 6 月
	故障现象	发动机内部磨损严重,客户自费更换发动机总成
设备/工具/耗材	大众桑塔纳乘用车一辆,开口扳手,梅花扳手,套筒,棘轮扳手,接杆,扭力扳手,鲤鱼钳,专用拉马,剪刀,工作台,抹布,塑料扎带,翼子板布	
安全要求及注意事项	1. 拆卸横拉杆球头时注意不要损坏球头胶套； 2. 拆卸空调压缩机时注意不要弯折、过度扭曲空调管路； 3. 悬挂制动钳时不要损坏制动软管； 4. 拆下横梁和车身的固定螺栓后要慢慢推动工作台,调整发动机的位置,以免在举升车辆时,发动机与机舱内的其他部件碰擦； 5. 分离发动机总成时要先点动举升机按钮,慢慢举升车辆,确认发动机与机舱室内的部件没有碰擦,管路和线路完全断开后,可按下举升机按钮,将车辆举起	

（续表）

	从车辆下方分离及拆卸大众桑塔纳发动机下方零部件方案
工作步骤	1. 拆卸轮胎及制动钳组件； 2. 分离横拉杆外球头及氧传感器线束插头； 3. 拆卸转向助力泵及空调压缩机组件； 4. 分离排挡杆、离合器块及排气管； 5. 分离发动机总成

教师对学生进行分组，每组选出一个小组长，小组长根据小组成员任务分工不同，确定不同任务的责任人。小组成员任务的划分可以参考下面的小组任务分配表，如表6-6所示。

表6-6　小组任务分配表

	小组任务	个人职责(任务)	小组成员
1	任务前期准备工作	准备该任务的设备、工具、耗材	
2	拆卸轮胎及制动钳组件	拆卸轮毂装饰盖板，拧松轮胎紧固螺栓，拆下两个前轮轮胎；拆下两前轮制动钳，挂在车身上	
3	分离横拉杆外球头及氧传感器线束插头	用拉马拆下横拉杆球头；拆卸后氧传感器线束插头	
4	拆卸转向助力泵及空调压缩机组件	拧松转向助力泵支架螺栓，拆下助力泵驱动皮带，拆下转向助力泵，挂在车身上；拧松空调压缩机固定螺栓，拆卸压缩机驱动皮带，拆卸空调压缩机，挂在车身上	
5	分离发动机总成	拧松变速器支架螺栓和发动机横梁螺栓；拆下减震器螺栓；放置工作台；分离发动机总成	

实训中如果没有该车型，可以参考从车辆下方分离及拆卸大众桑塔纳发动机下方零部件方案和维修手册，制定该车型从车辆下方分离及拆卸发动机下方零部件方案，如表6-7所示。

表6-7　从车辆下方分离及拆卸发动机下方零部件方案表

	________乘用车从车辆下方分离及拆卸发动机下方零部件方案	
车辆信息描述	车辆描述	
	故障现象	
设备/工具/耗材		
安全要求及注意事项		

（续表）

	________乘用车从车辆下方分离及拆卸发动机下方零部件方案
工作步骤	

三、实施

依据制定方案实施，并填写项目单，如表 6 - 8 所示。

表 6 - 8　实训结果项目表

横拉杆球头拆卸是否正确？		制动钳是否已拆下？	
线束插头是否都已拔下？		转向助力泵是否已拆下并悬挂好？	
空调压缩机是否已拆下并悬挂好？		发动机总成是否顺利的被拆下且没有损坏任何零部件？	

四、作业

1. 通过实训后完善本任务的实施方案。

2. 简述发动机总成拆卸过程中需要注意的事项。

项目3　安装发动机总成

一、知识链接

1. 安装发动机总成

将发动机推到发动机舱正下方，调整发动机位置，应避免放下车辆时发动机与发动机舱内的其他部件碰擦。慢慢放下车辆，并且查看车辆在下降时，发动机与发动机舱内的其他部件有无碰擦，确认没有碰擦后，将车辆慢慢放下。两个人分别调整左右减震器，使减震器对准其座孔，当车身与副车架约有 5 mm 时，车身停止下降。调整发动机，使副车架上的螺栓孔和车身上的螺栓孔对准，旋上副车架紧固螺栓，但不要拧紧，举升车辆至合适高度，推出工作台。旋上变速器支架固定螺栓，用扭力扳手拧紧副车架紧固螺栓，拧紧力矩为 110 N·m。用扭力扳手拧紧发动机横梁与车身的 4 个紧固螺栓，拧紧力矩为 70 N·m。

连接排气管，用扭力扳手拧紧排气管接头的紧固螺母，拧紧力矩为 35 N·m。安装离合块，拧紧离合块固定螺栓，拧紧力矩为 15 N·m，安装排挡杆。安装空调压缩机，先将压缩机驱动皮带挂在曲轴皮带轮上，如图 6-43 所示。安装发动机前支撑，安装空调压缩机。注意不要损坏冷凝器及空调管路。旋上空调压缩机紧固螺栓，安装压缩机驱动皮带，顺时针旋转紧固螺栓，调整皮带张紧度，直至皮带翻转 90°，最后将压缩机紧固螺栓拧紧至 40 N·m，如图 6-44 所示。安装空调压缩机控制插头。

安装转向助力泵，安装转向助力泵皮带，同样将驱动皮带张紧度调整为可翻转 90°为止，拧紧

图 6-43　安装压缩机驱动皮带

图 6-44　紧固压缩机固定螺栓

紧固螺栓至 25 N·m。固定后氧传感器线束，连接后氧传感器插头。将有减震器活塞杆推入其座孔中，如图 6-45 所示，拧上减震器杆锁紧螺母。安装横拉杆球头，将横拉杆球头推入支臂，如图 6-46 所示，拧紧螺栓。

图 6-45 安装减震器

图 6-46 安装横拉杆球头

安装摩擦片及制动钳，拧紧紧固螺栓至 70 N·m。安装两个前轮，紧固轮胎螺栓至 110 N·m。安装车身搭铁线，安装离合器油管，插上点火线圈插头，插上爆震传感器插头，插上冷却液温度传感器插头，如图 6-47 所示。插上倒车灯开关插头，如图 6-48 所示。插上发动机润滑油压力开关插头，插上车速传感器线束插头，依次插上 4 个喷油器插头，插上凸轮轴位置传感器插头。安装两根暖风水管，插上真空助力器上的真空管，连接真空软管，安装曲轴箱强制通风管，连接燃油供油管和回油管，安装启动机控制线束插头，安装起动机启动电机线束，并用扎带分段扎紧线束。安装前氧传感器线束插头，安装进气温度和压力传感器插头，安装节气门控制单元线束插头，安装节气门体上的上下水管及真空管。

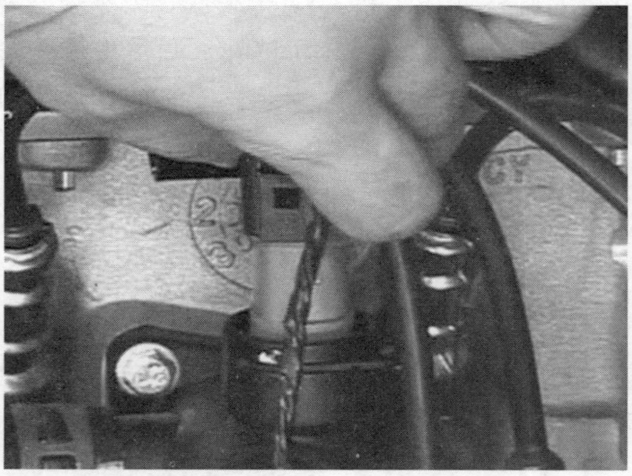

图 6-47 插上冷却液温度传感器插头

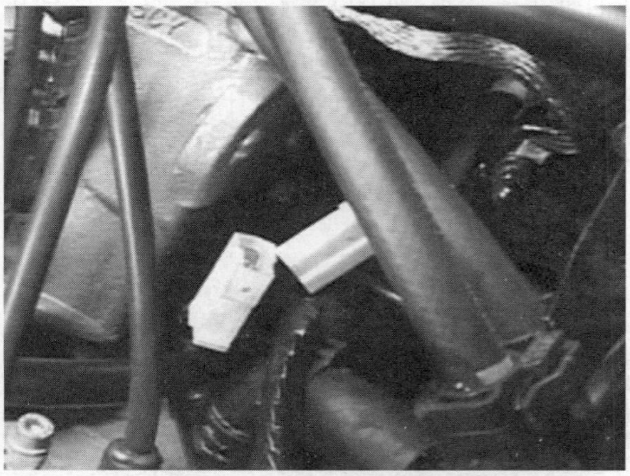

图 6-48 插上倒车灯开关插头

安装空气滤清器下壳，将活性炭罐电磁阀固定在空气滤清器壳上，安装空气滤清器罩及进气软管，安装膨胀水壶，安装冷却液位传感器插头，安装膨胀水壶下水管，安装散热器，安装散热器支架，连接冷却风扇线束插头，安装热敏开关线束插头，安装溢流管，安装气缸体上水管，安装散热器下水管。添加冷却液及制动液，如图 6-49 和图 6-50 所示。注意将冷却液和制动液添加至充足后，需要对冷却系统和制动系统进行排空气，否则会严重影响系统的性能。最后安装蓄电池正负极电缆。

发动机总成安装完毕。注意，起动车辆前应再检查发动机润滑油油位是否正常，驻车制动是否拉好，换挡杆是否在空挡。

图 6-49　添加冷却液

图 6-50　添加制动液

二、制定方案

根据情境导入中的案例，需要对发动机总成进行安装。教师在组织教学的过程中，根据大众桑塔纳发动机总成安装方案，让学生从实训中掌握发动机总成的安装方法，如表 6-9 所示。

表 6-9　大众桑塔纳发动机总成安装方案表

<table>
<tr><td></td><td colspan="2">大众桑塔纳发动机总成安装方案</td></tr>
<tr><td rowspan="2">车辆信息描述</td><td>车辆描述</td><td>大众桑塔纳，AFE 发动机，行驶里程 65 万 km，出厂时间：2003 年 6 月</td></tr>
<tr><td>故障现象</td><td>发动机内部磨损严重，客户自费更换发动机总成</td></tr>
<tr><td>设备/工具/耗材</td><td colspan="2">大众桑塔纳乘用车一辆，开口扳手，梅花扳手，套筒，棘轮扳手，接杆，扭力扳手，鲤鱼钳，专用拉马，剪刀，工作台，抹布，塑料扎带，翼子板布</td></tr>
<tr><td>安全要求及注意事项</td><td colspan="2">1. 将发动机总成安装至发动机舱过程中，注意不要使发动机与机舱内的其他部件碰擦；
2. 安装空调压缩机时注意不要弯折、过度扭曲空调管路；
3. 安装副车架时注意要将螺栓孔都对准，然后每个螺栓都旋入后再统一拧紧，不要先把其中一个螺栓一次拧紧，这样其他的螺栓孔可能会串位，导致其余螺栓无法安装；
4. 添加完防冻液和制动液后要对冷却系统和制动系统进行排空气</td></tr>
<tr><td>工作步骤</td><td colspan="2">1. 安装发动机总成至发动机舱；
2. 安装排挡杆、离合器块及排气管；
3. 安装空调压缩机及转向助力泵；
4. 安装横拉杆球头及减震器；
5. 安装制动钳及轮胎组件；
6. 安装膨胀水壶及散热器、空气滤清器组件；
7. 连接线束插头及管路；
8. 添加防冻液及制动液</td></tr>
</table>

教师对学生进行分组，每组选出一个小组长，小组长根据小组成员任务分工不同，确定不同任务的责任人。小组成员任务的划分可以参考下面的小组任务分配表，如表 6-10 所示。

表 6-10　小组任务分配表

	小组任务	个人职责(任务)	小组成员
1	任务前期准备工作	准备该任务的设备、工具、耗材	
2	安装发动机总成至发动机舱	将发动机推到发动机舱的正下方,慢慢落下车辆,车身下落同时调整发动机的位置,避免有碰擦;安装副车架紧固螺栓,变速器支架紧固螺栓;安装排挡杆、离合器块及排气管	
3	安装空调压缩机及转向助力泵组件	安装空调压缩机驱动皮带,安装空调压缩机;安装转向助力泵,安装助力泵驱动皮带	
4	安装横拉杆球头、减震器、制动钳及轮胎组件	安装横拉杆球头;安装减震器活塞杆锁紧螺母;安装制动钳;安装轮胎	
5	安装膨胀水壶及散热器、空气滤清器组件	安装散热器;安装膨胀水壶;安装空气滤清器组件	
6	连接线束插头及管路	安装车身搭铁线,安装离合器油管,插上点火线圈插头,插上爆震传感器插头,插上冷却液温度传感器插头,插上倒车灯开关插头,插上发动机润滑油压力开关插头,插上车速传感器线束插头,依次插上 4 个喷油器插头,插上凸轮轴位置传感器插头。安装两根暖风水管,插上真空助力器上的真空管,连接真空软管,安装曲轴箱强制通风管,连接燃油供油管和回油管,安装启动机控制线束插头,安装起动机启动马达线束,并用扎带分段扎紧线束。安装前氧传感器线束插头,安装进气温度和压力传感器插头,安装节气门控制单元线束插头,安装节气门体上的上下水管及真空管,连接冷却风扇线束插头,安装热敏开关线束插头,安装蓄电池电缆	
7	添加防冻液及制动液	添加防冻液和制动液;对制动系统和冷却系统进行排空气	

实训中如果没有该车型,可以参考大众桑塔纳发动机总成安装方案和维修手册,制定该车型发动机总成安装方案,如表 6-11 所示。

表 6-11　发动机总成安装方案表

	______乘用车发动机总成安装方案	
车辆信息描述	车辆描述	
	故障现象	
设备/工具/耗材		
安全要求及注意事项		

（续表）

	________乘用车发动机总成安装方案
工作步骤	

三、实施

依据制定方案实施，并填写项目单，如表6-12所示。

表6-12　实训结果项目表

发动机总成是否安装至车身上且无碰擦？		制动钳是否已安装？	
线束插头是否都已安装？		转向助力泵是否已安装？	
空调压缩机是否已安装？		横拉杆球头是否正确的安装？	

四、作业

1. 通过实训后完善本任务的实施方案。

2. 简述发动机总成安装过程中需要注意的事项。

检查与评估

1. 学生自我检查

学生通过对本任务的学习，独立结合实训车辆填写学习情况检查表（表6-13），以检测自己对本任务学习的掌握情况。

表 6-13　学习情况检查表

部件名称	图　片
1.	
2.	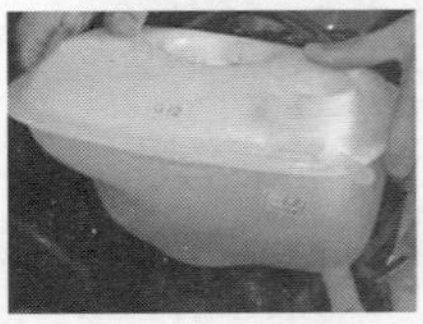
3.	
4.	

2. 指导教师评估

指导老师在整个教学过程中，关注每个活动小组的工作过程以及小组成员的动手能力，并对小组成员的动手能力进行考核，如表 6-14 所示。

表 6-14　指导教师评估表

	考核量化指标	分值(总分)	学生得分
1	能够完成散热器的的正确拆装	10	
2	能够完成发动机总成的拆卸	10	
3	能够完成机转向助力泵的拆装	10	
4	能够完成空调压缩机的拆装	10	
5	能够完成制动钳的拆装	10	
6	能够完成轮胎的拆装	10	
7	能够完成横拉杆球头的拆装	10	
8	能够完成线束插头的拔插	10	
9	能够完成冷却液的添加	10	
10	能够完成制动液的添加	10	
总计			

代　跋

实施 EIS 平台战略、建立教产合作长效机制

——在全国机械职业教育教学指导委员会委员扩大会议上的发言

邹晓东　博士
全国机械职业教育教学指导委员会产教合作促进与指导委员会　主任委员
上海中锐教育投资(集团)有限公司　董事　总经理

中锐教育集团是总部设立在上海的教育投资、教育管理和教育服务机构,成立于 1996 年,迄今已有 17 年办学历史。我们先后投资兴办了多种不同类型的学校,包括无锡南洋职业技术学院、新加坡南洋现代管理学院、苏州外国语学校、合肥外国语学校,还有专门为在华外籍人士子女开设的伊顿国际学校等比较知名的学府。还协助政府开发、建设教育园区,如苏州高教园区、上海中锐教育港等。职业教育是中锐教育集团的核心和龙头。我们始终在研究如何为经济与社会发展提供更好的教育服务,如何为重点产业发展提供更有力的人才支撑。2007 年,中锐教育集团投资并创立"华汽教育"品牌,首先在汽车职业教育领域探索、实践,并取得阶段性的经验和成果。

把我们这几年的经验进行归纳,可以总结为以下三句话:"建立岗位人才标准、实施教产平台战略、落实两个支撑"。

首先,建立岗位人才标准。五年来,我们与大型汽车企业一起研究、开发和制订企业岗位人才标准,并将岗位标准导入职业教育的教学标准,以此为基准构建标准化的人才培养体系,包括符合行业和企业需求的人才能力模型和培养标准、符合教育和认知规律的培养计划和课程、立体化的教材、课件、仿真软件系统、师资标准和认证,以及企业级的校内实训中心建设,组织开展独具特色的全国性学生技能大赛,等等。我们每年举办的"华汽教育教学研讨会",已经成为中锐与全国合作企业、合作院校共同推动定标、贯标、教改、课改的一种有效机制和传统。部分企业岗位标准正在上升为行业标准。

实施 EIS 平台战略。我们将汽车职业教育利益关联的若干特定群体,包括教育者和供给者(院校)、学习者(学生)、使用者(企业)等,联结在"华汽教育"的平台上并促进其交流和互动;今天,该平台上已经有全国 40 所高职院校、50 家全国性的大型汽车企业集团(我们牵头创建了 50club 全国汽车企业人力资源发展联席会议),而为学习者提供职业发展和终身教育服务的"中锐汽车人才网"则联系着数万名在校生和几十万名在职学习者。"共同办学、共同育人、共同投资、共同发展",办学规模和办学质量不断提升,"华汽教育"全国院校已经成为我国汽车行业高素质高技能人才输出的重要平台。

EIS 平台正在继续纵深发展:2013 年,我们与中国最大的汽车集团之一的庞大集团、合资设立

的大型培训基地——河北庞锐汽车商学院已经开学，该基地专门为全国院校汽车专业高年级学生提供3—6个月岗前培训和向大型企业集团规模输出高素质高技能毕业生，目标年培训1万人次。2013年，专门为中职院校和中职学生量身定制的"优卡曼"项目也正式推出，首批11所院校已签约。我们将紧抓岗位标准、全面升级和推出第三代华汽课程体系；在全国100所高职或中职院校投资建设实训中心；与汽车行业共同打造三到四个大型、区域性培训基地，全面对接大型汽车企业集团的全国布局和人才需求。

落实两个支撑，即落实教育国际化支撑和教育信息化支撑以促进持续提升。中锐教育集团在1999年就获得了教育部颁发的全国首批出国留学服务资质，14年来，在帮助数以万计的学子出国深造的同时，也积极开展国际教育合作，持续学习、借鉴、引进国际先进教育资源、先进教育理念和方法；在汽车职业教育领域，重点学习和借鉴德国双元制职业教育模式和美国社区学院的学历衔接模式。同时，我们深刻认识到教育信息化，既是手段，也是目的；2012年7月，中国第一家专业研发汽车仿真实训软件的沈阳敏捷科技公司整体加入中锐教育集团；2012年10月，"华汽教育全国院校教研平台"建设项目正式启动；2012年12月，"华汽教育中央演播室"建设项目正式启动。

2010年10月11日，中锐教育集团荣获"全国汽车行业示范职教集团"称号；2010年12月13日，教育部副部长鲁昕女士亲自为中锐教育集团与辽宁装备制造职业技术学院共建的"中锐汽车学院"揭牌；2011年，中锐教育集团又先后荣膺"全国商业服务业校企合作与人才培养优秀企业"和"全国服务外包人才培养校企合作贡献奖"；2011年，共有11名华汽教师获得"全国教师教学能力竞赛"大奖，全国高职高专校长联席会和教育部职成司领导专门为教师颁奖并祝贺。2012年4月，中锐教育集团举办第二届"中锐杯"全国职业院校汽车专业学生技能大赛，参赛院校134个，规模空前。2012年12月，中锐教育集团荣膺"新浪教育盛典全国最具品牌知名度职教集团"。

我国正处于发展实体经济和发展职业教育的最佳时期。中锐教育集团将继续不懈努力，将"华汽教育"教产合作平台模式从规模、范围、质量、效益等多个维度上推向新的高度；借鉴"华汽教育"已取得的教产合作经验，中锐教育集团将为社会、行业和院校奉献更多的优秀产品和服务。

2013年4月13日

中锐教育集团与上海通用汽车公司签订ASEP合作项目

中锐教育集团与上海大众汽车公司签订SCEP合作项目

中锐教育集团华汽学子自主研制“中锐1号”赛车参加“第三届”中国大学生方程式汽车大赛

《东方卫视》现场采访中锐教育集团合作伙伴AHK德方负责人Jan Noether博士

中锐教育集团与南京依维柯汽车公司签订战略合作协议

中锐教育集团与中国汽车工业国际合作总公司签订人才合作协议

中锐教育集团成功承办“2011年教育部全国高职高专第二届汽车系主任论坛”

中锐教育集团成功举办“2012中国上海·职业教育合作高峰论坛”

中锐教育集团成功承办“2013年全国机械职业教育教学指导委员会扩大会议”

中锐教育集团连续举办“中国汽车经销商企业人力资源发展联席会议”

中锐教育集团牵手全国排名第一的大型汽车企业一庞大汽贸集团共建庞锐汽车商学院

中锐教育集团每年举办“全国华汽教育教学工作研讨会”	中锐教育集团每年举办“全国华汽教育师资培训”
中锐教育集团成功举办“2013第三届中锐杯全国职业院校汽车专业学生技能大赛”（江西南昌）	中锐教育集团成功举办“2011年全国高等学校汽车专业学生职业技能大赛”（江西南昌）
中锐教育集团成功举办“2012年全国高等学校汽车专业学生职业技能大赛”（江苏南京）	